招标投标和政府采购
基本知识问答

ZHAO BIAO TOU BIAO HE ZHENG FU CAI GOU

JI BEN ZHI SHI WEN DA

陈昌彪　编著

WUHAN UNIVERSITY PRESS

武汉大学出版社

图书在版编目(CIP)数据

招标投标和政府采购基本知识问答 / 陈昌彪编著. --武汉 : 武汉
大学出版社, 2024. 8. --ISBN 978-7-307-24451-1

Ⅰ.F713.1; F812.2

中国国家版本馆 CIP 数据核字第 2024CY7038 号

责任编辑:任仕元　　　责任校对:汪欣怡　　　整体设计:韩闻锦

出版发行:**武汉大学出版社**　　(430072　武昌　珞珈山)
　　　　(电子邮箱: cbs22@ whu.edu.cn　网址: www.wdp.com.cn)
印刷:武汉图物印刷有限公司
开本:720×1000　1/16　印张:17.75　字数:251 千字
版次:2024 年 8 月第 1 版　　2024 年 8 月第 1 次印刷
ISBN 978-7-307-24451-1　　定价:78.00 元

前　言

　　《中华人民共和国招标投标法》和《中华人民共和国政府采购法》是我国公共采购领域的两大基本法律，这两部法律是对过去计划经济体制下单纯运用行政手段分配社会资源的一项重大改革，它对于促进我国市场经济发展、创造公平竞争的市场环境、发挥国有资金和非国有资金的使用效率、规范各方参与主体的采购行为、加强廉政建设和打击腐败、与国际采购市场接轨方面，发挥着积极和建设性的作用。目前，招标投标和政府采购活动已逐步纳入规范化、法治化的轨道，并呈现健康发展的良好态势，采购市场的交易规模越来越庞大，逐步形成和建立了全国统一、开放、竞争的大市场，采购制度的先进性和优越性日益显现。各地各部门各市场主体在贯彻实施这两部法律过程中摸索出了一些好的经验和做法，取得了非常明显的成效。但是两部采购方面的法律并存，实践工作中出现了一些不可忽视的问题，如从业人员对这两部法律的内容缺乏对比性的了解，再加上程序及采购方式的差异性，一些人在两部法律的运用问题上无所适从，经常出现法律适用混淆或者用错等问题。因此，如何提高从业人员的基本素质和专业水平，熟练掌握法律的基本内容和基本精髓，就显得非常重要和迫切。

　　本书是一部招标采购的普及性读物，着重阐述招标投标和政府采购的基本概念、基本知识，通过采用深入浅出、通俗易懂的方式，多方面解读两部法律的基本要义。本书坚持以问题为导向，对采购中常见的容易出错的重点和难点问题，从法律条文、典型案例入手，以案释法、以法析案，运用法律分析的思维方法，解决实际工作中的问题，突出针对性、实用性和可操作性，让读者掩卷之后有所收获、有所启迪。本书分招标，投标，开标、评标和定标，合同，异议、质疑和投诉，法律责任六个部分，每个部分相互联系，又独立成章，可供读者深入细致地解读。由于两部法律及配套法规政策内容博大、条文精深，实际运用情况复杂、各有特点，编写不足之处，真诚希望各位读者提出宝贵的意见和建议。

　　本书在编写过程中，得到了刘志浩教授的关心和指导，在此表示衷心的感谢。

编著者
2024 年 3 月

目　录

第一部分　招　标

第二部分　投　标

第三部分　开标、评标和定标

第四部分　合　同

第五部分　异议、质疑和投诉

第六部分　法律责任

第一部分
招　标

工程依法进行招标和依法不进行招标的范围如何界定?

工程，是指建设工程，包括建筑物和构筑物的新建、改建、扩建及其相关的装修、拆除、修缮等；与工程建设有关的货物，是指构成工程不可分割的组成部分，且为实现工程基本功能所必需的设备、材料等；与工程建设有关的服务，是指为完成工程所需的勘察、设计、监理等服务。

一、依法进行招标的范围和标准

根据《中华人民共和国招标投标法》(以下简称《招标投标法》)第三条、《必须招标的工程项目规定》(国家发改委令第16号)和国家发改委《关于印发〈必须招标的基础设施和公用事业项目范围规定〉的通知》(发改法规规〔2018〕843号)第二条规定，在中华人民共和国境内进行下列工程建设项目，包括项目的勘察、设计、施工、监理以及工程建设有关的重要设备、材料等的采购，必须进行招标：

(一) 大型基础设施、公用事业等关系社会公共利益、公众安全的项目

(1) 煤炭、石油、天然气、电力、新能源等能源基础设施项目；

(2) 铁路、公路、管道、水运，以及公共航空和A1级通用机场等交通运输基础设施项目；

(3) 电信枢纽、通信信息网络等通信基础设施项目；

(4) 防洪、灌溉、排涝、引(供)水等水利基础设施项目；

（5）城市轨道交通等城建项目。

（二）全部或者部分使用国有资金投资或者国家融资的项目

（1）使用预算资金200万元人民币以上，并且该资金占投资额10%以上的项目；

（2）使用国有企业事业单位资金，并且该资金占控股或者主导地位的项目。

（三）使用国际组织或者外国政府贷款、援助资金的项目

（1）使用世界银行、亚洲开发银行等国际组织贷款、援助资金的项目；

（2）使用外国政府及其机构贷款、援助资金的项目。

在必须进行招标项目的规模标准上，国家发改委令第16号第五条规定，符合本规定范围内的项目，其勘察、设计、施工、监理以及与工程建设有关的重要设备、材料等的采购达到下列标准之一的，必须招标：

（1）施工单项合同估算价在400万元人民币以上；

（2）重要设备、材料等货物的采购，单项合同估算价在200万元人民币以上；

（3）勘察、设计、监理等服务的采购，单项合同估算价在100万元人民币以上。

同一项目中可以合并进行的勘察、设计、施工、监理以及与工程建设有关的重要设备、材料等的采购，合同估算价合计达到前款规定标准的，必须招标。其中，"同一项目中可以合并进行"，是指根据项目实际，以及行业标准或行业惯例，符合科学性、经济性、可操作性要求，同一项目中适宜放在一起进行采购的同类采购项目。

二、依法不进行招标的范围

《招标投标法》第六十六条规定，涉及国家安全、国家秘密、抢险救灾或者使用属于扶贫资金实行以工代赈、需要使用农民工等特殊情况，不适宜进行招标的项目，按照国家规定可以不进行招标。

《中华人民共和国招标投标法实施条例》（以下简称《招标投标法实施条例》）第九条规定，有下列情形之一，可以不进行招标：

（1）需要采用不可替代的专利或者专利技术；

（2）采购人依法能够自行建设、生产或者提供；

（3）已通过招标方式选定的特许经营项目投资人依法能够建设、生产或者提供；

（4）需要向原中标人采购工程、货物或者服务，否则将影响施工或者功能配套要求；

（5）国家规定的其他特殊情形。

国家发改委办公厅《关于进一步做好〈必须招标的工程项目规定〉和〈必须招标的基础设施和公用事业项目范围规定〉实施工作的通知》（发改办法规〔2020〕770号）规定，对国家发改委令第16号第五条第（三）项中没有明确列举规定的服务事项，如建设工程中的施工图审查、造价咨询、第三方检测、监测等服务项目，以及发改法规规〔2018〕843号第二条中没有明确列举规定的项目，不得强制要求招标。

关于规范规模标准以下工程建设项目的采购，发改办法规〔2020〕770号明确：国家发改委令第16号第二条至第四条及发改法规规〔2018〕843号第二条规定范围的项目，其施工、货物、服务采购的单项合同估算价未达到国家发改委令第16号第五条规定规模标准的，该单项采购由采购人依法自主选择采购方式，任何单位和个人不得违法干涉。其中，涉及政府采购的，按照政府采购法律法规规定执行。国有企业可以结合实际，建立健全规模标准以下工程建设项目采购制度，推进采购活动公开透明。

工程招标方式是什么？

工程招标方式分为公开招标和邀请招标两种。

一、公开招标

公开招标属于非限制性竞争招标，是指招标人以招标公告的方式邀请不特定的法人或者其他组织投标。公开招标的范围和标准为《招标投标法》第三条、《必须招标的工程项目规定》(国家发改委第 16 号令)和国家发改委《关于印发〈必须招标的基础设施和公用事业项目范围规定〉的通知》(发改法规规〔2018〕843 号)第二条规定的内容。

公开招标是建设工程优先采用的招标方式。公开招标能有效促进竞争，高效率地在众多投标人中选择经验丰富、信誉良好、价格合理的中标人，但招标工作量大，所需时间较长，费用较高。

二、邀请招标

邀请招标属于有限竞争性招标，也称为选择性招标，是指招标人以投标邀请的方式邀请特定的法人或者其他组织投标。根据《招标投标法实施条例》第八条规定，国有资金占控股或者主导地位依法必须进行招标的项目，应当公开招标；但有下列情形之一的，可以邀请招标的方式进行招标：

(1)技术复杂、有特殊要求或者受自然环境限制，只有少量潜在投标人可供选择；

（2）采用公开招标方式的费用占项目合同金额的比例过大。

邀请招标的审批程序及投标人的资格条件，在《招标投标法》第十一条、第十七条、第十八条作了具体的规定：国务院发展计划部门确定的国家重点项目和省、自治区、直辖市人民政府确定的地方重点项目不适宜公开招标的，经国务院发展计划部门或者省、自治区、直辖市人民政府批准，可以进行邀请招标。招标人采用邀请招标方式招标的，应当向3个以上具备承担招标项目的能力、资信良好的特定的法人或者其他组织发出投标邀请书。招标人可以根据招标项目本身的要求，在投标邀请书中，要求潜在投标人提供有关资质证明文件和业绩情况，并对潜在投标人进行资格审查。

在邀请招标过程中，邀请投标人的数量不宜太少，避免被否决投标或放弃投标情况的发生，使投标人数量不足3家而导致不符合招标的基本规定；但邀请投标人的数量也不能太多，否则，会造成招标及评审的工作量加大，增加交易成本。邀请投标人数量一般控制在4~6家为宜。

三、公开招标和邀请招标的基本程序

公开招标和邀请招标的基本程序主要包括履行项目审批手续、委托招标代理机构、编制招标文件、发布招标公告或投标邀请书、资格审查、组建评标委员会、开标、评标、定标、发布中标公告、发出中标通知书、签订合同、招标资料备案等。

3 工程招标程序是什么?

按照国家有关规定,招标项目除履行项目审批、核准手续外,还需将招标范围、招标方式、招标组织形式等事项报项目审批、核准部门审批后才可以开始招标。招标过程可以划分为招标准备、发布招标公告或投标邀请书、开标评标定标、签订合同四个阶段。

一、招标准备阶段

招标准备工作包括成立招标机构、招标备案、编制招标文件、组织资格预审等。

(一)成立招标机构

招标人是提出招标项目、进行招标的法人或者其他组织。招标人具有编制招标文件和组织评标能力的,可以自行组织招标;招标人如不具备自行组织招标的能力和条件,应当委托招标代理机构办理招标事宜。

(二)招标备案

招标备案是指招标人向建设主管部门申请办理招标手续,主要包括提交招标备案文件说明、招标工作范围、招标方式、计划工期、对投标人的资质要求以及是自行招标还是委托代理机构招标等内容。

(三) 编制招标文件

招标人应根据国家发改委及各行业发布的建设工程标准招标文件，结合招标项目的具体特点和实际需要编制招标文件。招标人对招标文件的澄清、修改也是招标文件的组成部分。

(四) 编制工程量清单或标底

工程量清单是载明工程分部分项工程项目、措施项目、其他项目、规费及税金等内容的明细清单。使用国有资金投资或者以国有资金投资为主的建设工程，应当采用工程量清单计价；非国有资金投资的建设工程，鼓励采用工程量清单计价。

标底是由招标人为准备招标工作编制的一个项目的基本价格，应当根据工程计价有关规定和市场价格信息等编制，它不是工程的概算、预算，也不是项目的合同价格。标底是招标人的绝密资料，在开标前不得向无关人员泄露。

(五) 组织资格预审

在招标投标活动中，资格审查是一个十分重要的环节。资格审查分资格预审和资格后审(指在开标后，由评标委员会按照招标文件规定的标准和方法对投标人的资格进行审查)两种。

资格预审是指在投标前，对参加投标的申请人在资质、业绩、信誉、技术、财务等多方面的情况进行审查，只有资格预审通过的申请人才成为合格投标人。资格预审的目的是排除不合格的投标人，进而降低招标成本，提高工作效率。根据《招标投标法实施条例》有关规定，招标人采用资格预审办法对潜在投标人进行资格审查的，应当发布资格预审公告、编制资格预审文件。招标人应当合理确定提交资格预审申请文件的时间及方式，应当组建资格审查委员会审查资格预审申请文件，资格预审应当按照资格预审文件载明的标准和方法进行。资格预审结束后，招标人应当及时向资格预审申请人发出资格预审结果通知书。未通过资格预审的申请人不具备投标资格。

资格预审的方法有两种，即合格制和有限数量制。合格制，即按照资格预审文件的规定对资格预审申请人进行资格审查，符合资格预审文件的申请人就成为合格申请人，合格申请人获得参加投标的资格；有限数量制，即对合格申请人进行综合评价，根据评价结果及规定的限制数量择优确定通过资格预审的申请人，择优确定的申请人获得投标资格。通过资格预审的申请人少于 3 个的，应当重新组织资格预审。

（六）投标保证金

《招标投标法实施条例》第二十六条规定，招标人在招标文件中要求投标人提交投标保证金的，投标保证金不得超过招标项目估算价的 2%。投标保证金有效期应当与投标有效期一致。投标人应当按照投标人须知前附表规定的数额以现金、支票、保函等形式递交投标保证金；联合体投标的，投标保证金由牵头人递交。以现金或者支票形式提交的投标保证金应当从其基本账户转出。投标人不按要求提交投标保证金的，其投标文件按投标无效处理。招标人与中标人签订书面合同 5 日内向中标人和未中标的投标人退还投标保证金及银行同期存款利息。

招标过程中出现下列情形之一时，招标人有权没收投标人的投标保证金：①投标人在投标有效期内撤销或修改其投标文件；②投标人在收到中标通知书后，无正当理由拒签合同协议书，或按招标文件规定未提交履约担保，或向招标人提出附加条件的。

（七）投标有效期

投标有效期从投标截止日开始起算，直到签订中标合同的时间止。投标有效期对招标人和投标人都有约束力，投标人在投标有效期内不能撤销和修改投标文件，否则将被没收投标保证金。出现特殊情况需要延长投标有效期的，招标人应以书面形式通知所有投标人。投标人同意延长的，应相应延长其投标保证金的有效期，但不得要求或被允许修改或撤销其投标文件；投标人拒绝延长的，则失去投标资格，但有权收回投标保证金。

二、发布招标公告或投标邀请书阶段

(一) 发布招标公告或投标邀请书

招标公告是招标人在有关部门指定的媒体上发布招标邀请，让潜在投标人获得招标信息。投标邀请书是指招标人以投标邀请的方式邀请 3 个以上特定的法人或者其他组织投标。招标公告或投标邀请书的内容包括招标条件、项目概况、招标范围、投标人资格条件、招标文件的获取、投标文件的递交及联系方式等。

(二) 组织现场踏勘

现场踏勘是指招标人组织投标人对项目实施现场的地理、地质、气候、经济等客观条件和环境进行现场调查。这对于投标人全面了解招标项目情况，减少可能的争议具有重要的作用。

(三) 投标预备会

投标预备会是招标人组织召开的在于澄清招标文件中的疑问，解答投标人对招标文件和现场勘察中所提出问题的会议，投标预备会形成的会议记录要发给每一个投标人。

(四) 招标文件澄清

招标人发现招标文件中的错误，或者有需要补充的事项，或者投标人在投标人须知前附表规定的时间内以书面形式向招标人提出需要澄清的问题，招标人可以对招标文件进行澄清、修改。澄清文件是招标文件的组成部分。澄清文件应当在投标截止时间 15 日前，在发布招标公告的原媒体上发布，但不应涉及澄清问题的来源。如果澄清文件发布距投标截止时间不足 15 日，应相应延长投标截止时间。

三、开标评标定标阶段

（一）接受投标文件

招标人或招标代理机构在投标截止时间前收到投标文件后应当签收，签收人要记录投标文件递交的时间、地点以及密封情况，投标文件应妥善保管，在招标文件规定的开标前不得开启投标文件。未通过资格预审的申请人提交的投标文件，以及逾期送达或者不按照招标文件要求密封的投标文件，招标人或招标代理机构应当拒收。

对于采用电子招标投标形式的，投标人通过下载招标文件的招标投标交易平台上传加密的电子投标文件，电子招标投标交易平台即时向投标人发出电子签收凭证，递交时间以签收凭证载明的传输完成时间为准。未加密的电子投标文件，电子交易平台会拒收。

（二）组建评标委员会

评标委员会成员一般应于开标前确定，成员名单在中标结果确定前应当保密。评标委员会由招标人的代表和有关技术、经济等方面的专家组成，成员人数为 5 人以上单数，其中，技术、经济等方面的专家不得少于成员总数的 2/3。评标委员会的专家应当从评标专家库中随机抽取，但对技术复杂、专业性强或者国家有特殊要求，采取随机抽取方式确定的专家难以保证胜任评标工作的项目，可以由招标人直接确定。

评标委员会成员与投标人有利害关系的，应当主动回避。评标过程中，评标委员会成员有回避事由、擅离职守或者因健康等原因不能继续评标的，应当及时更换。被更换的评标委员会成员作出的评审结论无效，由更换后的评标委员会成员重新进行评审。

(三)开标

投标人少于3个的,不得开标;招标人应当重新组织招标。投标人对开标有异议的,应当在开标现场提出,招标人应当当场作出答复,并制作记录。

1. 线下开标

开标应当按照招标文件规定的时间、地点开标,开标由招标人主持,邀请所有投标人参加。主持人按照以下顺序组织开标活动:

(1)宣布开标纪律;

(2)公布在投标截止时间前递交投标文件的投标人名称,点名确认投标人是否派代表参加;

(3)宣布开标人、唱标人、监标人、记录人等有关人员姓名;

(4)检查投标文件的密封情况;

(5)确定并宣布投标文件开标顺序;

(6)设有标底的,公布标底;

(7)按照宣布的开标顺序当众开标,公布投标人名称、标段名称、投标保证金的递交情况、投标报价、质量目标、工期等内容,并记录在案;

(8)招标人代表、投标人代表、唱标人、监标人、记录人等有关人员在开标记录上签字确认;

(9)开标结束。

2. 线上开标

(1)线上开标应当按照招标文件确定的时间,在电子招标投标交易平台上公开进行,所有投标人均应当准时在线参加开标。

(2)开标时,电子招标投标交易平台自动提取所有投标文件,提示招标人和投标人按招标文件规定方式按时在线解密。解密全部完成后,应当向所有投标人公布投标人名称、投标价格和招标文件规定的其他内容。

（3）因投标人原因造成投标文件未解密的，视为撤销投标文件；因投标人之外的原因造成投标文件未解密的，视为撤回投标文件。出现这种情况，投标人有权要求责任方赔偿因此遭受的直接损失。部分投标文件未解密的，其他投标文件的开标可以继续进行。

（4）招标人可以在招标文件中明确投标文件解密失败的补救方案，投标文件应按照招标文件的要求作出响应。

（5）电子招标投标交易平台应当生成开标记录并公布。

（四）评标

评标由招标人依法组建的评标委员会负责。评标委员会应当按照招标文件确定的评标标准和方法，对投标文件进行评审和比较。评标委员会首先通过初步评审，检查各投标文件是否符合和响应招标文件的要求，淘汰对招标文件没有作出响应或存在重大偏差的投标文件，然后按照招标文件规定的评标标准和方法对投标文件进行详细评审，比较各投标文件的优劣。招标文件没有规定的评标标准和方法，不得作为评标的依据。招标项目设有标底的，应当参考标底。标底只能作为评标的参考，不得以投标报价是否接近标底作为中标条件，也不得以投标报价超过标底上下浮动范围作为否决投标的条件。

投标文件有含义不明确的内容、明显文字或计算错误，评标委员会认为需要投标人作出必要的澄清、说明的，应当书面通知该投标人。投标人的澄清、说明应当采用书面形式，并不得超出投标文件的范围或者改变投标文件的实质性内容。评标委员会不得暗示或者诱导投标人作出澄清、说明，不得接受投标人主动提出的澄清、说明。

评标完成后，评标委员会应当向招标人提交书面评标报告和中标候选人名单，中标候选人应当不超过 3 个，并标明排序。评标报告应当由评标委员会全体成员签字。对评标结果有不同意见的评标委员会成员应当以书面形式说明其不同意见和理由，评标报告应当注明该不同意见。评标委员会成员拒绝在评标报告上签字，又不书面说明其不同意见和理由的，视为同意评标结果。

(五) 确定中标人

招标人根据评标委员会提出的书面评标报告和推荐的中标候选人确定中标人。招标人也可以授权评标委员会直接确定中标人。

1. 公示中标候选人

依法必须进行招标的项目,招标人应当自收到评标报告之日起 3 日内公示中标候选人,公示期不得少于 3 日。投标人或者其他利害关系人对依法必须进行招标项目的评标结果有异议的,应当在中标候选人公示期间提出。招标人应当自收到异议之日起 3 日内作出答复;作出答复前,应当暂停招标投标活动。

2. 确定中标人

《招标投标法实施条例》第五十五条规定,国有资金占控股或者主导地位的依法必须进行招标的项目,招标人应当确定排名第一的中标候选人为中标人。排名第一的中标候选人放弃中标、因不可抗力不能履行合同、不按照招标文件要求提交履约保证金,或者被查实存在影响中标结果的违法行为等情形,不符合中标条件的,招标人可以按照评标委员会提出的中标候选人名单排序依次确定其他中标候选人为中标人,也可以重新招标。

中标候选人的经营、财务状况发生较大变化或者存在违法行为,招标人认为可能影响其履约能力的,应当在发出中标通知书前由原评标委员会按照招标文件规定的标准和方法审查确认。

3. 发出中标通知书

确定中标人后,招标人应当向中标人发出中标通知书,并同时将中标结果通知所有未中标的投标人。中标通知书对招标人和中标人具有法律效力。中标通知书发出后,招标人改变中标结果的,或者中标人放弃招标项目的，应当依法承担法律责任。

四、签订合同

招标人和中标人应当自中标通知书发出之日起 30 日之内，按照招标文件和中标人的投标文件订立书面合同。招标人和中标人不得再行订立背离合同实质性内容的其他协议。中标人无正当理由拒签合同的，招标人取消其中标资格，其投标保证金不予退还；给招标人造成损失超过投标保证金数额的，中标人还应对超过部分予以赔偿。

在招标过程中出现下列情形之一时，招标人应当重新招标：①投标截止时间止，投标人少于 3 个的；②经评标委员会评审后否决所有投标的。招标人应分析招标失败的原因，对招标文件修改后再进行招标。重新招标后，投标人仍少于 3 个或者所有投标人被全部否决，属于必须审批或核准的工程建设项目，经原审批或核准部门批准后，终止招标，采用直接发包的形式委托承建单位完成建设任务。

4 工程勘察设计招标投标的主要特点是什么？

工程勘察设计是工程建设项目前期最为重要的工作内容，勘察设计阶段是决定建设项目性能、优化和控制工程质量及工程造价最关键最有利的阶段。勘察设计的成果对项目建设的实现以及项目未来的运营、维护和使用有着决定性的影响。因此，通过招标投标择优选择勘察设计单位，就显得非常重要。在工程勘察设计招标过程中，招标文件要说明工程项目实施的条件、预期达到的技术经济指标、功能要求、投资限额、进度要求等。投标文件要按照招标文件的要求，提出工程项目的勘察设计方案、实施计划和报价等。根据《建设工程勘察设计管理条例》（国务院令第 662 号）第十四条规定，建设工程勘察、设计方案评标，应当以投标人的业绩、信誉和勘察、设计人员的能力以及勘察、设计方案的优劣为依据，进行综合评定。勘察设计评标通常采用综合评估法。勘察设计招标方式主要有：

一、公开招标和邀请招标

工程勘察设计应当依法进行公开招标或者邀请招标。采用公开招标的，招标人应当发布招标公告；采用邀请招标的，招标人应当向 3 个以上特定投标人发出投标邀请书。但是，有三类建设工程，其勘察和设计，经有关主管部门批准，可以直接发包。它们是：①采用特定的专利或者专有技术的；②建筑艺术造型有特殊要求的；③国务院规定的其他建设工程的勘察、设计。

二、一次性招标和分阶段招标

招标人可以依据工程项目的不同特点，实行勘察设计一次性总体招标，也可以在保证项目完整性、连续性的前提下，按照技术要求实行分段分项招标。《建筑工程设计招标投标管理办法》（住建部令第 33 号）第八条、第九条规定，招标人一般应当将建筑工程的方案设计、初步设计和施工图设计一并招标，如确需另行选择设计单位承担初步设计、施工图设计，应当在招标公告或者招标邀请书中明确。鼓励建筑工程设计总包，实行设计总包的，按照合同约定或经招标人同意，设计单位可以不通过招标的方式将建筑工程非主体部分的设计进行分包。

三、设计方案招标和设计团队招标

工程设计招标可以采用设计方案招标或者设计团队招标，招标人可以根据项目特点和实际需要选择。采用设计方案招标的，评标委员会应当在符合城乡规划、城市规划以及安全、绿色、节能、环保要求的前提下，重点对设计方案的功能、技术、经济和美观等进行评审确定中标人；采用设计团队招标的，评标委员会应当对投标人拟派设计团队的综合能力，包括投标人拟从事项目设计人员的构成、人员业绩、人员从业经历、项目解读、设计构思、投标人信用情况等进行评审确定中标人。

5 工程施工招标投标的主要特点是什么？

工程招标经过多年的发展，已经成为我国工程建设市场一种科学合理、比较完善的主要发包方式，这对于推动经济社会发展、规范市场交易行为、控制行政干预、提高企业竞争能力，都起到了积极而重要的作用。建设工程施工招标投标影响大、竞争激烈，这与当前的工程市场状况是密不可分的。建设工程项目具有一次性和不可复制的特点，属于稀缺资源。建设工程市场客观上存在着供求关系失衡、生产能力日益过剩的问题。建设工程在过去、现在和将来一个时期仍然是买方市场。因此，对于投标人而言，适合自己且有利可图的工程数量相对较少，从竞争中胜出的难度较大；对招标人而言，在众多投标人中挑选一个资信、能力、报价都满意的承建单位，期望获得一个符合功能要求的建设工程产品也不容易。建设工程施工招标投标的目的，是通过市场竞争对这些稀缺资源进行有效配置和充分利用。

工程建设包括前期工作、施工准备、建设施工、竣工验收等基本程序。施工招标是施工准备的一个重要环节，也是项目合法化的重要条件。工程施工相对于勘察设计、工程监理、材料设备采购来说，具有工程量大、造价高的特征。建设单位对项目目标的实现具有一定的挑战性，搞好招标投标工作，就为项目的顺利实施打下了一个良好的基础。国家发改委等九部委及各行业发布的《标准施工招标资格预审文件》《标准施工招标文件》及《简明标准施工招标文件》(适用于工期 12 个月内) 等文件，是各类建设工程施工招标和设计施工总承包招标的范本和指导性文件，工程施工招标文件的编制要严格遵循和执行。工程施工招标文件的内容一般包括招标公告或投标邀请书、投标人须知及投标人须知前附表、评标办法、合同条款及格式、工程量清单、图纸、技术标准和要求、投标文件格式。

作为投标人，投标文件的编制是投标单位实力的一个重要体现。投标的竞争，实质上是投标单位技术、管理、经验等综合能力的竞争。工程施工投标文件的编制要全面满足和响应招标文件的要求，要有针对性、完整性和科学性。编写的标书要专业过硬无瑕疵，才能取得好的投标效果。在工程施工招投标过程中，有时候对工程的描述是不完全的，招标方与投标方的理解也往往不一致，导致投标人编制标价工程量清单及报价的难度较大，再加上工程施工招标投标有很多的不确定性，因此，施工投标文件的编制要求较高。工程施工投标文件只有在各方面都满足招标文件要求，有特点，有针对性，才有可能在竞争中胜出。

6

工程施工监理招标投标的主要特点是什么?

工程监理单位不承担建筑产品生产任务,主要是受建设单位委托提供技术和管理咨询服务。建设工程监理招标属于服务类招标,其标的是监理服务。因此,建设单位在选择工程监理单位时最重要的原则是"基于能力的选择"。国家发改委等九部委和各行业发布的《标准监理招标文件》,适用于工程监理招标,内容包括招标公告或投标邀请书、投标人须知及投标人须知前附表、评标办法、合同条款及格式、委托人要求、投标文件格式。工程施工监理评标一般采用综合评估法,也有少量采用经评审的最低投标价法。工程监理招标投标通常将下列因素作为主要评审内容。

一、工程监理单位的基本能力

包括工程监理单位资质、技术及服务能力、社会信誉以及监理业绩、经验。

二、监理人员的素质和能力

工程监理人员的素质和能力直接影响工程监理工作的优劣,也是影响评审的重要因素。项目监理机构设置是否合理,监理人员数量、专业配置是否符合工程项目要求,特别是总监理工程师的业绩和综合能力,是评审需要考虑的重要内容。

三、技术建议书

技术建议书是反映投标人对工程项目管理、技术理解及综合服务水平的文件，也反映了投标人对招标项目的整体理解程度。评标时应重点评审技术建议书的针对性、全面性和科学性。技术建议书包括工程概况，监理工作范围，现场机构设置与人员安排，监理仪器、设备和设施的配备，监理工作程序，监理大纲，监理工作的重点与难点分析，工程建议等八个部分，其中最为重要的是监理大纲、重点与难点分析、工程建议这三个部分。监理大纲主要反映工程计划是否可行，质量、造价、进度控制措施是否全面得当，安全生产、环境保护、合同管理、信息管理、组织协调是否符合项目要求；重点与难点分析主要是结合工程项目特点，对各分部分项工程，从质量、造价、进度、安全等方面分析监理工作的重难点，并提出针对性措施及对策；工程建议主要是对项目的管理、质量、进度、投资、安全、环保提出的建设性意见。

四、试验检测仪器设备配备

重点评价投标人在投标文件中所列的设备、仪器、工具能否满足工程监理需要。

五、工程监理服务报价

工程监理服务报价包括投标函、报价清单说明和监理服务费报价表。监理服务费报价要合理，要最大限度地接近评标基准价。

7 工程材料设备招标投标的主要特点是什么？

工程材料设备招标投标是招标人对所需的材料设备，通过招标的形式，提出对材料设备类型、质量、数量、价格、交货期等具体要求，邀请投标人进行投标，通过竞争从中择优选择中标人的过程。

材料设备采购主要包括直接订货、招标采购两种方式。直接订货采购适用于零星、应急采购，或者只能从一家供应商采购获取，或必须由原供应商提供。该方式达成交易快，有利于及早供货，但采购来源单一，缺少对供应商及价格的比选。招标采购是大宗材料和设备采购的主要方式，采用公开招标和邀请招标的方式，择优选择供应商。该方式有利于规范买卖双方的交易行为，扩大选择范围，实现公开公平竞争，但程序比较复杂、工作量大、周期长，适合于较为充分竞争的市场环境。材料设备招标需要考虑以下问题。

一、材料设备标包划分

材料设备标包的划分要充分考虑项目实际需要、市场供应情况及资金状况等因素。标包的划分要有利于吸引众多投标人参加竞争，既要避免标包划分过大，中小供应商无法满足供货；又要避免标包划分过小，缺乏对大型供应商的吸引力。要合理安排分阶段分批次采购招标工作，同类型材料设备可以一次招标，分期供货；不同材料设备可以分阶段采购，分批次供货。采购要考虑交货、运输、仓储能力等因素，节省建设资金的占用。

二、材料设备采购按标的物特点，分为买卖合同和加工承揽合同

采购大宗材料或通用性批量生产的中小型设备，属于买卖合同范畴。由于标的物的规格、性能、主要技术参数均为通用指标，因此，招标时，一般侧重对投标人的商业信誉、报价和交货期限等方面进行比较，较多考虑价格因素。订购非批量生产的大型复杂机组设备、特殊用途的大型非标准部件，属于加工承揽合同范畴。供应商承担的工作往往涵盖生产、交货、安装调试及保修的全过程，招标时，要对投标人的商业信誉、加工制造能力、报价、交货期限等进行全面的比较，更多地考虑性价比。

三、材料采购招标

国家发改委等九部委发布的《标准材料采购招标文件》，适用于材料采购招标，内容包括招标公告或投标邀请书、投标人须知及投标人须知前附表、评标办法、合同条款及格式、供货要求、投标文件格式。材料采购招标在招标公告或投标邀请书中应列明招标条件，项目概况，招标范围，投标人资格要求，材料的名称、数量、技术规格，交货地点，交货期等相关要求。材料采购评标通常采用综合评估法和经评审的最低投标价法。

四、设备采购招标

国家发改委等九部委发布的《标准设备采购招标文件》，适用于设备采购招标，内容包括招标公告或投标邀请书、投标人须知及投标人须知前附表、评标办法、合同条款及格式、供货要求、投标文件格式。供货要求包括项目概况及总体要求、设备需求一览表、技术性能指标、检验考核要求、技术服务和质保期服务要求等。这不仅涉及设备的制造、运输，还涉及设备的安装、调试、验收、维修及技术资料等。依据设备标的物性质的不同，设备采购评标采用综合评估法和经评审的最低投标价法，也可采用以设备全寿命周期成本为基础的最低投标价法。

8 政府采购的内容及基本程序是什么？

政府采购是指各级国家机关、事业单位和团体组织，使用财政性资金采购依法制定的集中采购目录以内的或者采购限额标准以上的货物、工程和服务的行为。政府采购的内容及基本程序包括政府采购预算、政府采购计划、政府采购实施、签订采购合同、组织履约验收、采购资金结算。

一、政府采购预算

政府采购预算是指采购人根据事业发展计划和行政职责编制并经过规定程序批准的年度政府采购计划。采购人编制本单位本部门年度政府采购预算，作为部门预算的一部分，由一级预算单位汇总上报财政部门，财政部门进行审核。财政部门汇总编制审核本级年度部门预算（含政府采购预算）报同级人民政府审批，同级人民代表大会审议后，将政府采购预算随同部门预算一并下达采购人。

使用财政性资金采购集中采购目录以内的或者采购限额标准以上的项目，全部纳入编制范围，切实做到应编尽编、应列尽列，名实相符，防止无预算采购或超预算采购。对于常年实施的项目，可依据上一期经费测算标准，结合实际做适当调整后，确定项目预算需求；对于一次性项目，必须严格测算项目经费需求及构成明细。

二、政府采购计划

政府采购计划是采购人为了满足业务需要和完成一定的工作目标，根据政府采购预算，对纳入政府采购目录以内、限额标准以上的采购项目，制定具体详细的采购实施方案。采购人按照政府采购预算编制政府采购计划，逐级上报审核，经财政部门审批后方能执行。

三、政府采购实施

采购人或其委托的采购代理机构按照批准的组织形式和采购方式组织实施政府采购。政府采购方式有公开招标、邀请招标、竞争性谈判、单一来源采购、询价、竞争性磋商、框架协议采购。

四、签订采购合同

采购人或者采购代理机构向中标、成交供应商发出中标、成交通知书，且应当在中标、成交通知书发出之日起 30 日内，采购人与供应商按照采购文件确定的合同文本以及采购标的、规格型号、采购金额、采购数量、技术和服务要求等事项签订政府采购合同。

五、组织履约验收

采购人或者采购代理机构在供应商供货、工程竣工结束后，组织开展履约验收。大型或复杂的政府采购项目，应当邀请质量检测机构参加检测、评定及验收工作。验收结束后，验收成员应当在验收书上签字。

六、采购资金结算

采购项目完成验收后，采购人向财政部门提出采购资金结算申请，财政部门审核同意后，按照采购合同确定的付款金额及付款方式，经财政国库集中收付中心直接向中标、成交供应商付款。

9 | 政府采购方式有哪些？

政府采购方式分招标采购和非招标采购，招标采购分公开招标和邀请招标，非招标采购分为竞争性谈判、单一来源采购、询价、竞争性磋商、框架协议采购。采购金额是确定招标采购与非招标采购的重要标准，一般来说，达到一定金额以上的采购项目，采用招标采购方式；不足一定金额的采购项目，采用非招标采购方式。

一、公开招标

公开招标，是指采购人依法以招标公告的方式邀请非特定的供应商参加投标的采购方式。公开招标应作为政府采购的主要采购方式。公开招标必须做到以下几点：

(1)采购人使用财政性资金采购货物、工程和服务，达到公开招标数额标准及以上的，都必须采用公开招标的方式；

(2)采购人必须将采购信息以公开形式在政府采购监督管理部门指定媒体上向社会发布；

(3)必须公开面向所有潜在的符合招标项目资格条件并对项目感兴趣的供应商，不得人为限定招标范围；

(4)所有采购活动必须严格按照法定程序和招标文件确定的评审标准公开进行。

达到公开招标数额标准及以上的货物或服务的项目，采用公开招标方式。根据国务院办公厅《关于印发〈中央预算单位政府集中采购目录及标准（2020年版）〉的通知》（国办发〔2019〕55号）、财政部《关于印发〈地方预算单位政府集中采购目录及标准指引（2020年版）〉的通知》（财库〔2019〕69号）规定，政府采购货物或者服务项目，单项采购金额达到公开招标数额标准200万元以上的，必须采用公开招标方式。

政府采购工程以及与工程建设有关的货物、服务，采用招标方式采购的，适用《招标投标法》及其实施条例；采用其他方式采购的，适用《政府采购法》及其实施条例。政府采购工程以及与工程建设有关的货物、服务的采购，应当执行政府采购政策，其预算、计划、资金支付、采购文件备案等有关事项的管理按照政府采购程序执行。公开招标数额标准按照《必须招标的工程项目规定》（国家发改委第16号令）第五条规定执行，即施工单项估算价达400万元以上，货物单项估算价达200万元以上，服务单项估算价达100万元以上。

政府采购公开招标程序：履行采购项目审批手续、委托招标代理机构、编制招标文件、发布招标公告、资格审查、投标、组建评标委员会、开标、评标、定标、发布中标公告、发出中标通知书、签订合同、招标资料备案。

二、邀请招标

邀请招标，是指采购人依法从符合相应资格条件的供应商中随机抽取3家以上供应商，并以投标邀请书的方式邀请其参加投标的采购方式。关于供应商入围名单的确定，《政府采购货物和服务招标投标管理办法》（财政部令第87号）第十四条规定，采取邀请招标方式的，采购人或者采购代理机构应当通过以下方式产生符合资格条件的供应商名单，并从中随机抽取3家以上供应商向其发出投标邀请书：

（1）发布资格预审公告征集；

（2）从省级以上人民政府财政部门建立的供应商库中选取；

（3）采购人书面推荐。

采用前款第（1）项方式产生符合资格条件供应商名单的，采购人或者采购代理机构应当按照资格预审文件载明的标准和方法，对潜在投标人进行资格预审。采用前款第(2)项或者第(3)项方式产生符合资格条件供应商名单的，备选的符合资格条件供应商总数不得少于拟随机抽取供应商总数的两倍。

1. 邀请招标适用范围

《中华人民共和国政府采购法》(以下简称《政府采购法》)第二十九条规定，符合下列情形之一的货物或者服务，可以采用邀请招标方式采购：

(1)具有特殊性，只能从有限范围的供应商处采购的；

(2)采用公开招标方式的费用占政府采购项目总价值的比例过大的。

前款第(1)项，具有特殊性，如保密、急需、高度专业性等项目。有限范围，指产品的潜在供应商较少，公开招标与不公开招标都不影响提供产品供应商的数量。

采购人采购货物或者服务项目，如果经批准采取邀请招标方式的，选择邀请对象要执行《政府采购法》的规定。鉴于工程项目受《招标投标法》规范，政府采购工程实行邀请招标方式的，其邀请对象的选择方法首先要执行《招标投标法》的规定，情况特殊的，也可以按照《政府采购法》的规定执行。

各级政府采购监管部门要对邀请招标采购方式的审批进行严格管理，如果产品品种丰富，提供货物或者服务的供应商数量较多，一般要采用公开招标方式。

2. 邀请招标一般程序

邀请招标一般程序包括履行采购项目审批手续、签订委托协议、招标文件编制、发布资格预审公告、邀请合格供应商、发售招标文件、投标、组建评标委员会、开标、评标、定标、发布中标公告、发出中标通知书、签订合同、招标资料备案。

三、竞争性谈判

竞争性谈判是指谈判小组与符合资格条件的供应商就采购货物、工程和服务事宜进行谈判，供应商按照谈判文件的要求提交响应文件和最后报价，采购人从谈判小组提出的成交候选人中确定成交供应商的采购方式。竞争性谈判采用最低评标价法。

（一）竞争性谈判适用范围

根据《政府采购法》第三十条规定，符合下列情形之一的货物或服务，可以采用竞争性谈判方式采购：

（1）招标后没有供应商投标，或者没有合格标的或者重新招标未能成立的；

（2）技术复杂或者性质特殊，不能确定详细规格或者具体要求的；

（3）采用招标所需时间不能满足用户紧急需要的；

（4）不能事先计算出价格总额的。

竞争性谈判采购其他适用情形：《中华人民共和国政府采购法实施条例》（以下简称《政府采购法实施条例》）第二十三条规定，采购人采购公开招标数额标准以上的货物或者服务，符合《政府采购法》第三十条规定情形或者有需要执行政府采购政策等特殊情况的，经设区的市级以上人民政府财政部门批准，可以依法采用公开招标以外的采购方式（包括竞争性谈判采购方式）。根据《政府采购法实施条例》第二十五条规定，政府采购工程依法不进行招标的，应当依照《政府采购法》和本条例规定的竞争性谈判或者单一来源采购方式采购。

（二）竞争性谈判一般程序

1. 成立谈判小组

谈判小组由采购人代表和有关专家共 3 人以上的单数组成，其中专家的人数不得少于成员总数的 2/3。达到公开招标数额标准的货物或者服务采购项目，或者达到招标规模标准的政府采购工程，竞争性谈判小组应当由 5 人以上单数组成。采用竞争性谈判方式采购的政府采购项目，评审专家应当从政府采购评审专家库内相关专业的专家名单中随机抽取。技术复杂、专业性强的竞争性谈判采购项目，通过随机方式难以确定合适的评审专家的，经主管预算单位同意，可以自行选定评审专家，评审专家中应当包含 1 名法律专家。

2. 制定谈判文件

谈判文件应当明确谈判程序、谈判内容、合同草案的条款以及评定成交的标准等事项。谈判文件应当根据采购项目的特点和采购人的实际需求制定，并经采购人书面同意。谈判文件应当包括供应商资格条件、采购邀请、采购方式、采购预算、采购需求、采购程序、价格构成或者报价要求、响应文件编制要求、提交响应文件截止时间及地点、保证金交纳数额和形式、评定成交的标准等。为体现竞争性谈判程序的灵活性和适应采购复杂标的的重要特点，采购文件还应当明确谈判小组根据与供应商谈判情况可能实质性变动的内容，包括采购需求中的技术、服务要求以及合同草案条款。

3. 确定邀请参加谈判的供应商

采购人、采购代理机构应当通过发布公告、从省级以上财政部门建立的供应商库中随机抽取或者采购人和评审专家分别书面推荐的方式邀请不少于 3 家符合相应资格条件的供应商参与竞争性谈判采购活动。采取采购人和评审专家书面推荐方式选择供应商的，采购人和评审专家应当各自出具书面推荐意见。采购人推荐供应商的比例不得高于推荐供应商总数的 50%。

《政府采购非招标采购方式管理办法》(财政部令第 74 号)第二十七条规定，公开招标的货物、服务采购项目，招标过程中提交投标文件或者经评审实质性响应招标文件邀请的供应商只有两家时，采购人、采购代理机构报经主管预算单位同意，经本级财政部门批准后，可以与该两家供应商进行竞争性谈判采购。

4. 谈判

谈判小组所有成员集中与单一供应商分别进行谈判。在谈判中，谈判的任何一方不得透露与谈判有关的其他供应商的技术资料、价格和其他信息。谈判文件有实质性变动的，谈判小组应当以书面形式通知所有参加谈判的供应商。

5. 确定成交供应商

谈判结束后，谈判小组应当要求所有参加谈判的供应商在规定时间内进行最后报价，采购人从谈判小组提出的成交候选人中根据符合采购需求、质量和服务相等且报价最低的原则确定成交供应商。采购人或者采购代理机构应当在成交供应商确定后 2 个工作日内，在省级以上财政部门指定的媒体上公告成交结果，同时向成交供应商发出成交通知书。

6. 签订采购合同

采购人与成交供应商应当在成交通知书发出之日起 30 日内，按照采购文件确定的合同文本以及采购标的、规格型号、采购金额、采购数量、技术和服务要求等事项签订政府采购合同。采购人不得向成交供应商提出超出采购文件以外的任何要求作为签订合同的条件，不得与成交供应商订立背离采购文件确定的合同文本。

四、单一来源采购

单一来源采购是指采购人从某一特定供应商处采购货物、工程和服务的采购方式。这是一种没有竞争的采购方式，从采购竞争态势来看，采购人处于不利地位，所以对这种采购方式的使用，规定了严格的适用条件。

(一) 单一来源采购适用范围

《政府采购法》第三十一条规定，符合下列情形之一的货物或者服务，可以采用单一来源方式采购：

(1) 只能从唯一供应商处采购；

(2) 发生了不可预见的紧急情况不能从其他供应商处采购；

(3) 必须保证原有采购项目一致性或者服务配套的要求，需要继续从原供应商处采购，且采购总金额不超过原合同金额百分之十的。

前款第(1)项，只能从唯一供应商处采购，是指因货物或者服务使用不可替代的专利、专有技术，或者公共服务项目具有特殊要求，导致只能从某一特定供应商处采购。

单一来源采购方式其他适用情形：《政府采购法实施条例》第二十三条规定，采购人采购公开招标数额标准以上的货物或者服务，符合《政府采购法》第三十一条规定情形或者有需要执行政府采购政策等特殊情况的，经设区的市级以上人民政府财政部门批准，可以依法采用公开招标以外的采购方式(包括单一来源采购方式)。《政府采购法实施条例》第二十五条规定，政府采购工程依法不进行招标的，应当依照《政府采购法》和本条例规定的竞争性谈判或者单一来源采购方式采购。

(二) 单一来源采购程序

1. 确定采购需求

采购人应当在采购活动开始前按照本单位采购内控措施和采购需求事前审查的有关规定，开展采购需求调查，明确项目的技术、商务等采购需求。

2. 组织专业人员论证

采购人应当组织 3 名以上专业人员对符合"只能从唯一供应商处采购"

的情形进行论证。专业人员由采购人自行选定，但选定的专业人员不能与论证项目有直接利害关系，不能是采购单位或者潜在供应商及其关联单位的工作人员。专业人员应当客观独立地出具完整、清晰和明确的论证意见，并指明符合的适用情形。论证意见应按照规定格式由专业人员填写。

3. 单一来源采购公示

单一来源采购方式属非竞争性采购，只有在法定的特殊情况下才可以采用。为了避免采购人随意采取单一来源采购，违背政府采购公平竞争的原则，对采用单一来源采购方式规定了公示制度。《政府采购非招标采购方式管理办法》(财政部令第 74 号)第三十八条规定，属于《政府采购法》第三十一条第(一)项只能从唯一供应商处采购情形，且达到公开招标数额的货物、服务项目，拟采用单一来源采购方式的，采购人、采购代理机构在报财政部门批准之前，应当在省级以上财政部门指定媒体上公示，并将公示情况一并报财政部门。公示期不得少于 5 个工作日。

任何供应商、单位或者个人对采用单一来源采购方式公示有异议的，可以在公示期内将书面意见反馈给采购人或采购代理机构。采购人或采购代理机构收到对采用单一来源采购方式公示的异议后，应当在公示期满后 5 个工作日内，组织补充论证，论证后认为异议成立的，应当依法采取其他采购方式；论证后认为异议不成立的，应当将异议意见、论证意见与公示情况一并报相关财政部门。采购人或采购代理机构应当将补充论证的结论告知提出异议的供应商、单位或者个人。

4. 单一来源采购申请及批准

达到公开招标数额标准的货物或服务采购项目，拟采用单一来源采购方式的，采购人应当在采购活动开始前依法向财政部门申请并提交相关材料，财政部门将依据相关法律规定审批。申请理由和申请材料符合《政府采购法》和项目实际情况的，依法予以批复；申请材料不符合《政府采购法》和项目实际情况的，财政部门将及时通知采购人修改补充；申请理由不符合《政府采购法》规定的，财政部门将不予批复的理由告知采购人。

未达到公开招标数额标准的政府采购项目，采用单一采购来源方式无须申请批准。根据财政部办公厅《关于未达到公开招标数额标准政府采购项目采购方式适用等问题的函》（财办库〔2015〕111号）规定，"根据《中华人民共和国政府采购法》第二十七条规定，未达到公开招标数额标准符合《政府采购法》第三十一条第（一）项规定情形只能从唯一供应商处采购的政府采购项目，可以依法采用单一来源采购方式。此类项目在采购活动开始前，无须获得设区的市、自治州以上人民政府采购监督管理部门的批准，也不用按照《政府采购法实施条例》第三十八条的规定在省级以上财政部门指定媒体上公示"。

5. 编制单一来源采购文件

采购人或采购代理机构应当根据政府采购政策、采购预算、采购需求编制单一来源采购文件。

6. 协商采购

采购人、采购代理机构应当组织有相关经验的专业人员与供应商商定采购项目的质量、服务及价格，做好协商记录。

7. 签订合同

采购人与供应商按照单一采购来源文件及双方协商的意见签订政府采购合同。

五、询价

询价是指询价小组向符合资格条件的供应商发出采购货物询价通知书，要求供应商一次报出不得更改的价格，采购人从询价小组提出的成交候选人中确定成交供应商的采购方式。询价采用最低评标价法。

(一) 询价采购适用范围

《政府采购法》第三十二条规定，采购的货物规格、标准统一，现货货源充足且价格变化幅度小的政府采购项目，可以采用询价方式采购。《政府采购法实施条例》第二十三条规定，采购人采购公开招标数额标准以上的货物或者服务，符合《政府采购法》第三十二条规定情形或者有需要执行政府采购政策等特殊情况的，经设区的市级以上人民政府财政部门批准，可以依法采用公开招标以外的采购方式(包括询价采购方式)。

(二) 询价采购一般程序

1. 成立询价小组

询价小组由采购人代表和有关专家共 3 人以上的单数组成，其中专家的人数不得少于询价小组成员总数的 2/3。达到公开招标数额标准的货物或者服务采购项目，询价小组应当由 5 人以上单数组成。采用询价方式采购的政府采购项目，评审专家应当从政府采购评审专家库内相关专业的专家名单中随机抽取。

2. 询价通知书的制定

询价通知书应当根据采购项目的特点和采购人的实际需求制定，并经采购人书面同意。询价通知书应当包括供应商资格条件、采购邀请、采购方式、采购预算、采购需求、采购程序、价格构成或者报价要求、响应文件编制要求、提交响应文件截止时间及地点、保证金交纳数额和形式、评定成交的标准等。

3. 确定被询价的供应商名单

询价小组根据采购需求，从符合相应资格条件的供应商名单中确定不少于 3 家供应商，并向其发出询价通知书让其报价。根据《政府采购非招标采购方式管理办法》(财政部令第 74 号)第十二条规定,采购人、采购代理机构应当通过发布公告、从省级以上财政部门建立的供应商库中随机抽取或者采购人和评审专家分别书面推荐的方式邀请不少于 3 家符合相应资格条件的供应商参与询价采购活动。采取采购人和评审专家书面推荐方式选择供应商的,采购人和评审专家应当各自出具书面推荐意见。采购人推荐供应商的比例不得高于推荐供应商总数的 50%。

4. 询价

询价小组要求被询价的供应商一次报出不得更改的价格。

5. 确定成交供应商

采购人根据符合采购需求、质量和服务相等且报价最低的原则确定成交供应商。采购人或者采购代理机构应当在成交供应商确定后 2 个工作日内,在省级以上财政部门指定的媒体上公告成交结果,同时向成交供应商发出成交通知书。

6. 签订采购合同

采购人与成交供应商应当在成交通知书发出之日起 30 日内,按照采购文件确定的合同文本以及采购标的、规格型号、采购金额、采购数量、技术和服务要求等事项签订政府采购合同。采购人不得向成交供应商提出超出采购文件以外的任何要求作为签订合同的条件,不得与成交供应商订立背离采购文件确定的合同文本。

六、竞争性磋商

竞争性磋商是指采购人、采购代理机构通过组建竞争性磋商小组与符合条件的供应商就采购货物、工程和服务事宜进行磋商,供应商按照磋商文件的要求提交响应文件和报价,采购人从磋商小组评审后提出的候选供应商名单中确定成交供应商的采购方式。磋商是谈判双方对交易条件及报价进行反复协商，或者做出必要的让步，相互得到一定利益的过程。竞争性磋商采用综合评分法。

(一)竞争性磋商适用范围

《政府采购竞争性磋商采购方式管理暂行办法》(财库〔2014〕214号)第三条规定，符合下列情形的项目，可以采用竞争性磋商方式开展采购：

(1)政府购买服务项目；

(2)技术复杂或者性质特殊，不能确定详细规格或者具体要求的；

(3)因艺术品采购、专利、专有技术或者服务的时间、数量事先不能确定等原因不能事先计算出价格总额的；

(4)市场竞争不充分的科研项目，以及需要扶持的科技成果转化项目；

(5)按照《招标投标法》及其实施条例必须进行招标的工程建设项目以外的工程项目。

(二)竞争性磋商一般程序

1. 竞争性磋商采购方式申请

达到公开招标数额标准的货物、服务采购项目，拟采用竞争性磋商采购方式的，采购人应当在采购活动开始前，报经主管预算单位同意后，依法向设区的市、自治州以上人民政府财政部门申请批准；未达到公开招标数额标准的货物、服务采购项目，拟采用竞争性磋商方式的，不需要履行审批手续；采购限额标准以上、公开招标数额标准以下的政府采购工程项目，以及达到公开招标数额标准以上依法不进行招标的政府采购工程项目，不需要履行审批手续，可以采用竞争性磋商方式采购。

2. 确定邀请参加磋商的供应商名单

根据《政府采购竞争性磋商采购方式管理暂行办法》(财库〔2014〕214号)第六条规定，采购人、采购代理机构应当通过发布公告、从省级以上财政部门建立的供应商库中随机抽取或者采购人和评审专家分别书面推荐的方式邀请不少于 3 家符合相应资格条件的供应商参与竞争性磋商采购活动。采取采购人和评审专家书面推荐方式选择供应商的，采购人和评审专家应当各自出具书面推荐意见，采购人推荐供应商的比例不得高于推荐供应商总数的 50%。

2015 年 6 月，财政部下发了《关于政府采购竞争性磋商采购方式管理暂行办法有关问题的补充通知》(财库〔2015〕124 号)，通知明确，采用竞争性磋商采购方式采购政府购买服务项目(含政府和社会资本合作项目)，在采购过程中符合要求的供应商(社会资本)只有 2 家的，竞争性磋商采购活动可以继续进行。采购过程中符合要求的供应商(社会资本)只有 1 家的，采购人(项目实施机构)或者采购代理机构应当终止竞争性磋商采购活动，发布项目终止公告并说明原因，重新开展采购活动。

3. 制定竞争性磋商文件

竞争性磋商文件应当根据采购项目的特点和采购人的实际需求制定，并经采购人书面同意。磋商文件应当包括供应商资格条件、采购邀请、采购方式、采购预算、采购需求、政府采购政策要求、评审程序、评审方法、评审标准、价格构成或者报价要求、响应文件编制要求、保证金交纳数额和形式以及不予退还保证金的情形、磋商过程中可能实质性变动的内容、响应文件提交的截止时间、开启时间及地点以及合同草案条款等。磋商文件不得要求或者标明供应商名称或者特定货物的品牌，不得含有指向特定供应商的技术、服务等条件。

4. 成立磋商小组

磋商小组由采购人代表和评审专家共 3 人以上单数组成，其中评审专家人数不得少于磋商小组成员总数的 2/3。采用竞争性磋商方式的政府采购项目，评审专家应当从政府采购评审专家库内相关专业的专家名单中随机抽取。符合"市场竞争不充分的科研项目，以及需要扶持的科技成果转化项目"情形的，以及情况特殊、通过随机方式难以确定合适的评审专家的项目，经主管预算单位同意，可以自行选定评审专家。技术复杂、专业性强的采购项目，评审专家中应当包含 1 名法律专家。

5. 磋商

磋商小组所有成员集中与单一供应商分别进行磋商，并给予所有参加供应商平等的磋商机会。磋商文件能够详细列明采购标的技术、服务要求的，磋商结束后，磋商小组应要求所有实质性响应的供应商在规定的时间内提交最后报价，提交最后报价的供应商不得少于 3 家；磋商文件不能详细列明采购标的技术、服务要求，需经磋商由供应商提供最终设计方案或解决方案的，磋商结束后，磋商小组按照少数服从多数的原则推荐 3 家以上供应商的设计方案或解决方案，并要求其在规定的时间内提交最后报价。依据财库〔2014〕214 号第二十一条规定，最后报价是供应商响应文件的有效组成部分，符合"市场竞争不充分的科研项目，以及需要扶持的科技成果转化项目"情形的，提交最后报价的供应商可以为 2 家。

在磋商过程中，磋商文件有实质性变动的，磋商小组应当以书面形式通知所有参加磋商的供应商，供应商应当按照磋商文件变动情况和磋商小组的要求重新提交响应文件。

经磋商确定最终报价需求和最终报价的供应商后，由磋商小组采用综合评分法对提交最后报价的响应文件和最后报价进行综合评分。磋商小组应当根据综合评分情况，按照评审得分由高到低的顺序推荐 3 名以上成交候选供应商，并编写评审报告。

6. 确定成交供应商

采购人应当在收到评审报告后 5 个工作日内，从评审报告提出的成交候选供应商中，按照排序由高到低的原则确定成交供应商，也可以书面授权磋商小组直接确定成交供应商。采购人逾期未确定成交供应商且不提出异议的，视为确定评审报告提出的排序第一的供应商为成交供应商。采购人或者采购代理机构应当在成交供应商确定后 2 个工作日内，在省级以上财政部门指定的政府采购信息发布媒体上公告成交结果，同时向成交供应商发出成交通知书。

7. 签订采购合同

采购人与成交供应商应当在成交通知书发出之日起 30 日内，按照磋商文件确定的合同文本以及采购标的、规格型号、采购金额、采购数量、技术和服务要求等事项签订政府采购合同。采购人不得向成交供应商提出超出磋商文件以外的任何要求作为签订合同的条件，不得与成交供应商订立背离磋商文件确定的合同文本。

七、框架协议采购

框架协议采购是指集中采购机构或者主管预算单位对技术、服务等标准明确、统一，需要重复采购的货物和服务，通过公开征集程序，确定第一阶段入围供应商并订立框架协议；采购人或者服务对象按照框架协议约定规则，在入围供应商范围内确定第二阶段成交供应商并订立采购合同的采购方式。

框架协议采购，可以使供应商重复、频繁投标变为一次投标、多次使用。通过信息化手段，简化流程，压缩环节，既提高了政府采购的服务质效和透明度，又减轻了供应商的成本负担，是优化营商环境的重要举措。与其他政府采购方式相比，框架协议采购有以下三个特点：

（1）适用范围不同。框架协议采购适用于多频次、小额度采购，不适用于单一项目采购，也不适用于政府采购工程项目。

（2）程序不同。框架协议采购具有明显两阶段特征。第一阶段，由集中采购机构或者主管预算单位通过公开征集程序，确定入围供应商并订立框架协议；第二阶段，由采购人或者服务对象按照框架协议约定规则，在入围供应商范围内确定成交供应商并订立采购合同。

（3）中标、成交供应商数量不同。采用其他采购方式，一个采购包只能确定一名中标、成交供应商，而框架协议采购可以产生一名或多名入围成交供应商。

(一)框架协议采购适用情形及范围

根据《政府采购框架协议采购方式管理暂行办法》(财政部令第110号)第三条规定，符合下列情形之一的，可以采用框架协议采购方式采购：

(1)集中采购目录以内品目，以及与之配套的必要耗材、配件等，属于小额零星采购的；

(2)集中采购目录以外，采购限额标准以上，本部门、本系统行政管理所需的法律、评估、会计、审计等鉴证咨询服务，属于小额零星采购的；

(3)集中采购目录以外，采购限额标准以上，为本部门、本系统以外的服务对象提供服务的政府购买服务项目，需要确定2家以上供应商由服务对象自主选择的；

(4)国务院财政部门规定的其他情形。

前款所称采购限额标准以上，是指同一品目或者同一类别的货物、服务年度采购预算达到采购限额标准以上。

第三条第(1)项规定的情形涉及两个概念。一是集中采购目录，集中采购目录包括集中采购机构采购项目和部门集中采购项目；二是小额零星采购，小额零星采购是指采购人需要多频次采购，并且单笔采购金额没有到达政府采购限额标准的采购。

第三条第(2)项规定的情形，实际上是本部门本系统自采自用的小额鉴证咨询服务采购，包括认证服务、鉴证服务和咨询服务。

第三条第(3)项规定的情形，实际上是本部门本系统自采他用的政府购买服务，一是向社会公众提供的凭单、订单制政府购买服务，如体检、培训、核酸检测等，服务对象可从入围供应商中自主选择服务机构；二是本部门本系统为社会公众以外的其他服务对象提供的服务。

(二)框架协议采购订立主体及类别

框架协议采购订立主体为集中采购机构和主管预算单位。对于集中采购目录以内品目以及与之配套的必要耗材、配件等,由集中采购机构负责征集程序和订立框架协议;集中采购目录以外品目,由主管预算单位负责征集程序和订立框架协议。其他预算单位,如医院、高校等,确有需要的,经其主管预算单位批准,也可以作为征集人组织框架协议采购,并按照财政部令 110 号关于主管预算单位的规定执行。

框架协议采购分为封闭式框架协议采购和开放式框架协议采购两种,封闭式框架协议采购是框架协议采购的主要形式。

1. 封闭式框架协议采购

封闭式框架协议采购是指符合《政府采购框架协议采购方式管理暂行办法》(财政部令第 110 号)第三条规定情形,通过公开竞争订立框架协议后,除经过框架协议约定的补充征集程序外,不得增加协议供应商的框架协议采购。

2. 开放式框架协议采购

开放式框架协议采购是指符合以下规定情形,明确采购需求和付费标准等框架协议条件,愿意接受协议条件的供应商可以随时申请加入的框架协议采购。

(1)符合第三条第(1)项规定的情形,因执行政府采购政策不宜淘汰供应商的,比如疫苗,以及受基础设施、行政许可、知识产权等限制,供应商数量在 3 家以下;并且不宜淘汰供应商的,比如在一些地方,电信服务商不足 3 家。

(2)符合第三条第(3)项规定的情形,能够确定统一付费标准,并且为了更好地向公众提供服务,需要让所有愿意接受协议条件的供应商都加入政府采购购买服务项目。比如政府购买的失业培训、养老、体检等服务,服务对象可持政府发放的代金券等凭单或其他证明，从入围供应商中自主选择服务机构。

(三)框架协议采购程序

框架协议采购分为两个阶段。第一阶段由集中采购机构或者主管预算单位通过公开征集程序，确定入围供应商并订立框架协议；第二阶段由采购人或服务对象按照框架协议的约定规则，在入围供应商范围内确定成交供应商并订立采购合同。

1. 封闭式框架协议采购程序

1)第一阶段，确定入围供应商并签订框架协议

封闭式框架协议的公开征集程序，按照政府采购公开招标的规定执行。

(1)发布征集公告：

征集人在省级以上财政部门指定的媒体上发布征集公告。征集公告包括：征集人的名称、地址、联系人和联系方式；采购项目名称、编号，采购需求以及最高限制单价，适用框架协议的采购人或者服务对象范围，能预估采购数量的，还应当明确预估采购数量；供应商的资格条件；框架协议的期限；获取征集文件的时间、地点和方式；响应文件的提交方式、提交截止时间和地点，开启方式、时间和地点；公告期限等。

(2)编制征集文件：

征集文件包括参加征集活动的邀请；供应商应当提交的资格材料；资格审查方法和标准；采购需求以及最高限制单价；政府采购政策要求以及政策执行措施；框架协议的期限；报价要求；确定第一阶段入围供应商的评审方法、评审标准、确定入围供应商的淘汰率或者入围供应商数量上限和响应文件无效情形；响应文件的编制要求，提交方式、提交截止时间和地点，开启方式、时间和地点，以及响应文件有效期；拟签订的框架协议文本和采购合同文本；确定第二阶段成交供应商的方式；采购资金的支付方式、时间和条件；入围产品升级换代规则；用户反馈和评价机制；入围

供应商的清退和补充规则；供应商信用信息查询渠道及截止时点、信用信息查询记录和证据留存的具体方式、信用信息的使用规则等；采购代理机构代理费用的收取标准和方式等。

（3）编制、递交响应文件：

供应商按照征集文件要求编制并提交响应文件。

（4）评审：

征集人组建评审小组，评审小组采取价格优先法或质量优先法的评审方法对供应商提交的响应文件进行评审，推荐入围供应商并排序。

价格优先法是指对满足采购需求且响应报价不超过最高限制单价的货物、服务，按照响应报价从低到高排序，根据征集文件规定的淘汰率或者入围供应商数量上限，确定入围供应商的评审方法。

质量优先法是指对满足采购需求且响应报价不超过最高限制单价的货物、服务进行质量综合评分，按照质量评分从高到低排序，根据征集文件规定的淘汰率或者入围供应商数量上限，确定入围供应商的评审方法。

（5）确定第一阶段入围供应商：

确定第一阶段入围供应商时，提交响应文件和符合资格条件、实质性要求的供应商应当均不少于2家，淘汰比例一般不得低于20%，且至少淘汰一家供应商。采用质量优先法的检测、实验等仪器设备采购，淘汰比例不得低于40%，且至少淘汰一家供应商。

（6）发布入围结果公告及入围通知书：

征集人在省级以上财政部门指定的媒体上发布入围结果公告，并向供应商发出入围通知书。

（7）签订框架协议：

集中采购机构或者主管预算单位应当在入围通知书发出之日起30日内与入围供应商签订框架协议，并在框架协议签订后7个工作日内，将框架协议副本报本级财政部门备案。

（8）补充征集供应商：

征集人补充征集供应商的，补充征集规则应当在框架协议中约定，补充征集的条件、程序、评审方法和淘汰比例与初次征集相同。补充征集应当遵守原框架协议的有效期。补充征集期间，原框架协议继续履行。除剩余入围供应商不足入围供应商总数 70% 且影响框架协议执行的情况外，在框架协议有效期内，征集人不得补充征集供应商。

2）第二阶段，确定成交供应商并订立合同

（1）确定成交供应商：

框架协议采购确定第二阶段成交供应商的方式包括直接选定、二次竞价和顺序轮候。

直接选定是确定第二阶段成交供应商的主要方式，由采购人或者服务对象依据入围产品价格、质量以及服务便利性、用户评价等因素，从第一阶段入围供应商中直接选定。

二次竞价方式是指以框架协议约定的入围产品、采购合同文本等为依据，以协议价格为最高限价，采购人明确第二阶段竞价需求，从入围供应商中选择所有符合竞价需求的供应商参与二次竞价，确定报价最低的为成交供应商的方式。

顺序轮候方式是指根据征集文件中确定的轮候顺序规则，对所有入围供应商依次授予采购合同的方式。顺序轮候方式一般适用于服务项目。

（2）发布成交结果公告：

以二次竞价或者顺序轮候方式确定成交供应商的，征集人在确定成交供应商后 2 个工作日内逐笔发布成交结果公告。征集人应当在框架协议有效期满后 10 个工作日内发布成交结果汇总公告。

（3）订立合同：

框架协议采购应当订立固定价格合同，根据实际采购数量和协议价格确定合同总价的，合同中应当列明实际采购数量或者计量方式。

2. 开放式框架协议采购程序

1）第一阶段，确定入围供应商并订立框架协议

（1）发布征集公告：

征集人在省级以上财政部门指定媒体上发布征集公告。

（2）加入框架协议的申请与审核：

征集公告发布后至框架协议期满前，供应商可以按照征集公告要求，随时提交加入框架协议的申请。征集人应当在收到供应商申请后7个工作日内完成审核，并将审核结果书面通知申请供应商。

（3）入围结果公告：

征集人应当在审核通过后2个工作日内，发布入围结果公告，公告入围供应商名称、地址、联系方式及付费标准，并动态更新入围供应商信息。

（4）签订框架协议：

征集人可以根据采购项目特点，在征集公告中申明是否与供应商另行签订书面框架协议。申明不签订书面框架协议的，发布入围结果公告，视为签订框架协议。

2）第二阶段，确定成交供应商并签订采购合同

（1）确定成交供应商：

第二阶段成交供应商由采购人或者服务对象从第一阶段入围供应商中直接选定。

（2）签订合同：

采购人与成交供应商签订合同。

（四）封闭式框架协议和开放式框架协议采购的区别

（1）封闭式框架协议采购强调通过公开竞争订立框架协议，除经框架协议约定的补充征集程序外，不能随意增加协议供应商；开放式框架协议采购则是由征集人先明确采购需求和付费标准等条件，凡是愿意接受协议条件的供应商都可以申请加入。

（2）入围阶段有无竞争。封闭式框架协议采购确定入围供应商时必须有竞争和淘汰，淘汰比例一般不低于20%，而且至少要淘汰一家供应商；开放式框架协议采购，供应商提出加入后，征集人会对申请文件进行审核，如果供应商符合资格条件，遵守框架协议内容和付费标准就可以入围，不

存在竞争和淘汰。

（3）能否自由加入和退出。在封闭式框架协议有效期内，不能随意增加协议供应商，入围供应商无正当理由不允许退出；而在开放式框架协议采购有效期内，供应商可以随时申请加入和退出。

10 竞争性谈判和竞争性磋商有哪些异同？

竞争性谈判和竞争性磋商这两种政府采购方式在采购程序、谈判或磋商公告要求、供应商来源、谈判或磋商小组组成等要求方面基本一致，但也有许多不同的地方。

一、法律法规层级不同

竞争性谈判和竞争性磋商都属于非招标采购方式。竞争性谈判由《政府采购法》和《政府采购非公开招标方式管理办法》（财政部令第 74 号）规范，是法律规定的采购方式；竞争性磋商由《政府采购竞争性磋商采购方式管理暂行办法》（财库〔2014〕214 号）规范，是部门规章规定的采购方式。

二、适用范围不同

竞争性谈判主要弥补公开招标在时间较长和公开招标数额标准限制等方面的缺陷。适用情形主要有：招标后没有供应商投标，或者没有合格标的或者重新招标未能成立的；技术复杂或者性质特殊，不能确定详细规格或者具体要求的；采用招标采购所需时间不能满足用户紧急需求的；不能事先计算出价格总额的。

采用竞争性磋商方式，主要克服竞争性谈判低价中标的弊病，倾向于"物有所值"的价值理念。竞争性磋商适用情形主要有：政府购买服务项目；技术复杂或者性质特殊，不能确定详细规格或者具体要求的；因艺术品采购、专利、专有技术或者服务的时间、数量事先不能确定等原因不能事先计算出价格总额的；市场竞争不充分的科研项目，以及需要扶持的科技成果转化项目；按照《招标投标法》及其实施条例的规定必须进行招标的工程建设项目以外的工程项目。

三、采购文件获取期限及提交首次响应文件期限不同

采用竞争性谈判方式，采购文件获取期限从谈判文件发出之日起，不得少于 3 个工作日。提交首次响应文件期限，从谈判文件发出之日起至供应商提交首次响应文件截止之日止不得少于 5 日。

采用竞争性磋商方式，采购文件获取期限，从磋商文件的发售开始之日起不得少于 5 个工作日。提交首次响应文件期限，从磋商文件发出之日起至供应商提交首次响应文件截止之日止不得少于 10 日。

四、供应商数量适用场景不同

一般情况下，竞争性谈判是从符合相应资格条件的供应商名单中确定不少于 3 家供应商参加谈判。但政府采购项目公开招标后只有 2 家供应商符合实质性要求的，在报经财政部门审批后，可以转为竞争性谈判。

采用竞争性磋商方式，提交最后报价的供应商不得少于 3 家。但符合"市场竞争不充分的科研项目，以及需要扶持的科技成果转化项目"情形的，提交最后报价的供应商可以为 2 家。采用竞争性磋商方式采购政府购买服务项目(含政府和社会资本合作项目)，符合要求的供应商(社会资本)可以为 2 家。

五、评审方法不同

竞争性谈判采取最低评标价法。
竞争性磋商采取综合评分法。

竞争性谈判和询价有哪些异同？

一、适用情形

竞争性谈判既适用于货物和服务采购项目，也适用于依法不进行招标的政府采购工程项目；询价适用于采购的货物规格、标准统一，现货货源充足且价格变化幅度小的政府采购项目。

二、供应商数量

采用竞争性谈判采购方式，供应商数量一般不得少于3家，但公开招标失败后转为竞争性谈判可以为2家；采用询价采购方式，供应商数量不得少于3家。

三、采购文件内容

谈判过程可以改变谈判文件实质性的内容，包括采购需求中的技术、服务要求和合同草案条款；询价过程不得改变询价通知书的内容及合同条款。

四、报价方式

竞争性谈判可以多轮报价，询价只能一次报价且不得更改。

五、评审过程及方式

竞争性谈判小组可以与供应商进行多轮谈判，直至满足项目需求为止；询价采购过程不得与供应商协商。两者评审均采用最低评标价法。

12

政府采购方式如何进行管理?

政府采购方式管理主要在于引导采购人根据政府采购法律法规的要求,以及采购项目的需求和特点,依法选择采购方式。

一、政府采购货物、服务采购方式管理

根据《政府采购法》的规定,采购人采购公开招标数额标准以上的货物或者服务,应当采用公开招标方式。根据国务院办公厅《关于印发〈中央预算单位政府集中采购目录及标准(2020年版)〉的通知》(国办发〔2019〕55号)、财政部《关于印发〈地方预算单位政府集中采购目录及标准指引(2020年版)〉的通知》(财库〔2019〕69号)规定,政府采购货物或服务项目,单项采购金额达到公开招标数额标准200万元以上的,必须采用公开招标方式。

达到公开招标数额标准以上的货物、服务项目,因特殊情况需要采用公开招标方式以外的采购方式(包括邀请招标、竞争性谈判、单一来源采购、询价、竞争性磋商),要经过怎样的程序呢?根据《政府采购法》第二十七条规定,"采购人采购货物或服务应当采用公开招标方式的,因特殊情况需要采用公开招标方式以外的采购方式的,应当在采购活动开始前获得设区的市、自治州以上人民政府采购监督管理部门的批准"。《政府采购法实施条例》第二十三条规定,"采购人采购公开招标数额标准以上的货物或者服务,符合《政府采购法》第二十九条、第三十条、第三十一条、第三十二条规定情形或者有需要执行政府采购政策等特殊情况的,经设区的市级

53

以上人民政府财政部门批准，可以依法采用公开招标以外的采购方式"。《政府采购非招标采购方式管理办法》(财政部令第74号)第四条规定，"达到公开招标数额标准的货物、服务采购项目，拟采用非招标采购方式的，采购人应当在采购活动开始前，报经主管预算单位同意后，向设区的市、自治州以上人民政府财政部门申请批准"。为了加强主管预算单位对本部门政府采购工作的统筹管理，二级预算单位或基层预算单位申请改变采购方式的，应当经主管预算单位同意。

《政府采购需求管理办法》(财库〔2021〕22号)第十九条规定，采购方式的选择应当符合法定适用情形和采购需求特点，其中，达到公开招标数额标准，因特殊情况需要采用公开招标以外的采购方式的，应当依法获得批准。

(1)采购需求客观、明确且规格、标准统一的采购项目，如通用设备、物业管理等，一般采用招标或者询价方式采购。

(2)采购需求客观、明确，且技术较复杂或者专业性较强的采购项目，如大型装备、咨询服务等，一般采用招标、竞争性谈判和竞争性磋商方式采购。

(3)不能完全确定客观指标，需由供应商提供设计方案、解决方案或者组织方案的采购项目，如首购订购、设计服务、政府和社会资本合作等，一般采用竞争性谈判和竞争性磋商方式采购。

二、政府采购工程采购方式管理

《政府采购法》第四条规定，"政府采购工程进行招标投标的，适用《招标投标法》"。《政府采购法实施条例》第七条规定，"政府采购工程以及与工程建设有关的货物、服务，采用招标方式采购的，适用《招标投标法》及其实施条例；采用其他方式采购的，适用《政府采购法》及其实施条例"。政府采购工程达到工程公开招标数额标准及以上，采用招标方式采购，公开招标数额标准按照《必须招标的工程项目规定》(国家发改委第16号令)第五条规定执行，即施工单项估算价达到400万元以上，货物单项估算价达到200万元以上，服务单项估算价达到100万元以上。

哪些政府采购工程项目可采用其他方式采购呢？财政部《关于政府采购工程项目有关法律适用问题的复函》（财库便函〔2020〕385号）明确三类工程项目不属于依法必须进行招标的项目，由《政府采购法》规范。采购人采购这三类工程项目，应当按照《政府采购法实施条例》第二十五条、《政府采购竞争性磋商采购方式管理暂行办法》（财库〔2014〕214号）第三条规定，采用竞争性谈判、单一来源采购或者竞争性磋商方式进行采购。这三类工程项目包括：

（1）工程公开招标数额标准以上，与建筑物和构筑物新建、改建、扩建项目无关的单独的装修、拆除、修缮项目。

建筑物和构筑物工程竣工验收后，再进行的一些工程项目如装修、加装电梯、旧房改造、房屋拆除等都与原建筑物和构筑物新建、改建、扩建无关，即使达到了公开招标数额标准，也不采用招标方式采购。政府采购此类工程项目时，按照《政府采购法》及其实施条例的规定，采用其他方式采购。

（2）政府集中采购目录（包括集中采购机构采购项目和部门集中采购项目）以内的政府采购工程项目。

国务院办公厅《关于印发中央预算单位政府集中采购目录及标准（2020年版）的通知》（国办发〔2019〕55号）有对工程类的"集中采购机构采购项目"的解释性规定，其中，限额内工程，指投资预算在120万元以上的建设工程，适用《招标投标法》的建设工程项目除外；装修工程、拆除工程、修缮工程分别指投资预算在120万元以上，与建筑物、构筑物新建、改建、扩建无关的装修工程、拆除工程、修缮工程。该文件规定这些政府集中采购目录以内的工程类项目，均不属于《招标投标法》调整及依法进行招标的项目，适用《政府采购法》规范，可以采用其他方式采购。

（3）采购限额标准以上、工程公开招标数额标准以下的政府采购工程项目。

对于政府采购工程限额标准，根据国务院办公厅《关于印发中央预算单位政府集中采购目录及标准（2020年版）的通知》（国办发〔2019〕55号）规定了政府采购限额标准，即"采用分散采购即除集中采购机构采购项目和部门集中采购项目外，各部门自行采购单项或批量金额达到 100 万元以上的货物和服务的项目、120 万元以上的工程项目应按《政府采购法》和《招标投标法》有关规定执行"。120 万元是政府采购工程限额标准，也就是说，中央预算单位的工程类项目，达到 120 万元的政府采购工程限额标准，但未达到施工 400 万元工程公开招标数额标准的，适用《政府采购法》，应采用其他方式采购；超过施工 400 万元公开招标数额标准的，适用《招标投标法》，应采用公开招标方式采购。财政部《关于印发〈地方预算单位政府集中采购目录及标准指引（2020 年版）〉的通知》（财库〔2019〕69 号）规定，"政府采购工程项目分散采购限额标准不应低于 60 万元"。因此，地方预算单位工程类项目，达到 60 万元的政府采购工程限额标准，但未达到施工 400 万元工程公开招标数额标准的，适用《政府采购法》，应采用其他方式采购；超过施工 400 万元公开招标数额标准的，适用《招标投标法》，应采用公开招标方式采购。

三、政府采购项目采购方式管理免除

对于采购限额标准以上、公开招标数额标准以下的货物、工程和服务，以及达到公开招标数额标准以上依法不进行招标的政府采购工程项目，选择采购方式是否需要批准呢？财政部《中央预算单位变更政府采购方式审批管理办法》（财库〔2015〕36 号）第十九条规定，"中央预算单位采购限额标准以上公开招标数额标准以下的货物、工程和服务，以及达到招标规模标准依法可不进行招标的政府采购工程建设项目，需要采用公开招标以外采购方式的，由单位根据《政府采购非招标采购方式管理办法》及有关制度规定，自主选择相应采购方式"。

财政部办公厅《关于未达到公开招标数额标准政府采购项目采购方式适用等问题的函》（财办库〔2015〕111 号）规定，"对于未达到公开招标数额标准的政府采购项目，采购人要建立和完善内部管理制度，强化采购、财务和业务部门（岗位）责任，结合采购项目具体情况，依法选择适用的采购方式，防止随意采用和滥用采购方式"。

13 中央空调安装工程项目应选择什么采购方式?

2023 年 9 月,某大学投资 450 万元用于教学楼中央空调安装工程项目,在市场上进行采购。这项安装工程项目的采购是适用《政府采购法》,还是适用《招标投标法》?需要采用什么采购方式?一些采购人不太清楚、心中无数,并且在两部法律之间的运用问题上无所适从。

看一个政府采购工程项目是适用政府采购程序,还是适用招标投标程序,主要是看四个方面,即采购主体、资金性质、范围数额、标的属性。

一、采购主体

政府采购项目的采购主体必须是国家机关、事业单位和团体组织,而招标投标项目的采购主体则涵盖了我国境内进行招标投标活动的各类市场主体。该项目采购主体为某大学,属于事业单位。

二、资金性质

政府采购项目使用的是财政性资金;招标投标项目使用的资金有两个方面,一是全部或者部分使用国有资金投资或者国家融资,二是使用国际组织或者外国政府贷款、援助资金。该项目采购人为事业单位,纳入预算管理,使用财政性资金。

三、范围数额

安装工程为政府采购工程项目,属集中采购目录以外,应实行分散采购，采购人可以自行采购，也可以委托采购代理机构采购。关于限额标准的确定分两种情况，如果某大学属中央预算单位，根据国办发〔2019〕55号规定，则工程项目限额标准为120万元；如果某大学属地方预算单位，根据财库〔2019〕69号规定，则工程项目限额标准为60万元。工程公开招标的数额标准为400万元，此项目为450万元，超过公开招标数额标准，适用《招标投标法》规范，应采用公开招标方式采购。（如果此项目在限额标准以上，公开招标数额标准以下，则适用《政府采购法》，采用其他政府采购方式采购。）

四、标的属性

对于该大学投资的中央空调安装工程项目，标的属性分两种情形：一是如果该大学教学楼属于新建、改建、扩建工程并安装中央空调的，按照《招标投标法》相关规定执行，采用公开招标方式采购；二是如果该大学教学楼已经竣工，竣工后再安装中央空调的，这属于与建筑物新建、改建、扩建无关的安装工程，则按照《政府采购法》相关规定执行，应当采用竞争性谈判、竞争性磋商或单一来源采购方式采购。

14 财政性资金如何界定？

什么是财政性资金？《政府采购法实施条例》第二条规定，"财政性资金是指纳入预算管理的资金。以财政性资金作为还款来源的借贷资金，视同财政性资金。国家机关、事业单位和团体组织的采购项目既使用财政性资金又使用非财政性资金的，使用财政性资金采购的部分，适用《政府采购法》及其实施条例；财政性资金与非财政性资金无法分割采购的，统一适用《政府采购法》及其实施条例"。

《国务院关于加强预算外资金管理的决定》(国发〔1996〕29号)规定，任何地区、部门和单位都不得隐瞒财政收入，将财政预算资金转为预算外资金。2010年，财政部发布的《关于将按预算外资金管理的收入纳入预算管理的通知》(财预〔2010〕88号)明确，从2011年1月1日起，将按预算外资金管理的收入(不含教育收费)全部纳入预算管理。从这个时间节点来看，财政性资金就没有预算内和预算外资金之分了。2014年，《中华人民共和国预算法》规定，政府的全部收入和支出都应当纳入预算。预算包括一般公共预算、政府性基金预算、国有资本经营预算、社会保险基金预算。《行政单位财务规则》(财政部令第71号)规定，行政单位的各项收入应当全部纳入单位预算，统一核算，统一管理，收入是指行政单位依法取得的非偿还性资金，包括财政拨款收入和其他收入。《事业单位财务规则》(财政部令第68号)规定，事业单位应当将各项收入全部纳入单位预算，统一核算，统一管理，收入是指事业单位为开展业务及其他活动依法取得的非偿还性资金，包括财政补助收入、事业收入、上级补助收入、附属单位上缴收入、经营收入、其他收入。

综合以上政策规定来看，目前已经不存在"预算外资金""自有资金"的概念。行政机关，事业单位的所有收入（包括经营收入），都属于财政性资金。既然所有行政机关、事业单位的资金都属于财政性资金，为什么还有《政府采购法实施条例》第二条"财政性资金与非财政性资金无法分割采购的"情形？这种情形主要是指企业和事业单位的合作项目，比如企业资助大学科研、企业与大学联合开展科技攻关、企业与医院开展科技合作等使用的企业资金。

因此，考查行政机关、事业单位的资金性质是否属于财政性资金，并不是考查其来源，而是看其是否纳入预算管理。因此，各级国家机关、事业单位和团体组织动用财政性资金采购依法制定的集中采购目录以内的或者采购限额标准以上的货物、工程和服务的，都由《政府采购法》及其实施条例规范。

15 集中采购目录和限额标准如何确定?

集中采购目录和限额标准是对应纳入政府采购管理的货物、工程和服务项目确定的清单和金额限额标准。通过制定集中采购目录和限额标准,便于采购人编制政府采购预算和申报政府采购计划,也便于供应商有针对性地参与政府采购活动,以及财政部门进行监督管理。

一、集中采购目录

集中采购目录是各级人民政府或其授权机构制定的对应纳入政府采购管理的货物、工程和服务项目确定的清单。《政府采购法》第七条规定,属于中央预算的政府采购项目,其集中采购目录由国务院确定并公布;属于地方预算的政府采购项目,其集中采购目录由省、自治区、直辖市人民政府或者其授权的机构确定并公布。集中采购目录的编制,一方面要考虑政府采购制度改革和扩大政府采购范围的需要,力求做到"应编尽编,应采尽采";另一方面也要符合各地经济社会发展水平、财政支付能力和资金管理水平。

集中采购目录包括集中采购机构采购项目和部门集中采购项目。

(一)集中采购机构采购项目

技术、服务等标准统一,采购人普遍使用的项目,列入集中采购机构采购项目,集中采购机构采购项目必须按规定委托政府集中采购机构代理采购。集中采购机构采购项目包括中央预算单位集中采购机构采购项目和地方预算单位集中采购机构采购项目。

1. 中央预算单位集中采购机构采购项目

国务院办公厅《关于〈印发中央预算单位政府采购集中采购目录及标准（2020 年版）〉的通知》（国办发〔2019〕55 号）规定，中央预算单位集中采购机构采购项目包括以下三个方面：

（1）货物类：台式计算机、便携式计算机、计算机软件、服务器、计算机网络设备、复印机、视频会议系统及会议室音频系统、多功能一体机、打印设备、扫描仪、投影仪、碎纸机、复印纸、打印用通用耗材、乘用车、客车、电梯、空调机、办公家具；

（2）工程类：限额内工程、装修工程、拆除工程、修缮工程；

（3）服务类：包括车辆维修保养及加油服务、机动车保险服务、印刷服务、工程造价咨询服务、工程监理服务、物业管理服务、云计算机服务、互联网接入服务。

2. 地方预算单位集中采购机构采购项目

根据财政部《关于印发〈地方预算单位政府采购集中采购目录及标准指引（2020 版）〉的通知》（财库〔2019〕69 号），地方预算单位集中采购机构采购项目包括以下两个方面：

（1）货物类：服务器、台式计算机、便携式计算机、喷墨打印机、激光打印机、针式计算机、显示器、扫描仪、基础软件、信息安全软件、复印机、投影仪、多功能一体机、LED 显示屏、触控一体机、碎纸机、乘用车、客车、电梯、不间断电源（UPS）、空调机、家具用具、复印纸；

（2）服务类：互联网接入服务、车辆维修和保养服务、车辆加油服务、印刷服务、物业管理服务、机动车保险服务、云计算机服务。

财政部财库〔2019〕69 号文件指出：关于集中采购机构采购项目，各地应依据《地方目录及标准指引》，结合本地区实际确定本地区货物、服务类集中采购机构采购项目。可在《地方目录及标准指引》基础上适当增加品目，原则上不超过 10 个。各地可结合本地区实际自行确定各品目具体执行范围、采购限额等。政府采购工程纳入集中采购机构采购的项目，由各地结合本地区实际确定。

(二) 部门集中采购项目

采购人本部门、本系统基于业务需要有特殊要求，可以统一采购的项目，列为部门集中采购项目。部门集中采购项目由各主管预算单位结合自身业务特点和实际工作需要自行确定，报财政部门备案后组织实施。列入部门集中采购项目，具备条件的可以实行部门集中采购，不具备条件的可以委托政府集中采购机构或经省级财政部门认定资格的社会代理机构采购。纳入部门集中采购项目，本部门、本系统所属预算单位一般不能自行采购，如果本部门、本系统有特殊需要自行采购的，需经政府采购监管部门批准。

二、政府采购限额标准

政府采购限额标准是指国家机关、事业单位和团队组织使用财政性资金采购集中采购目录以外的货物、工程和服务项目，必须实行统一采购的最低金额标准。由于政府采购目录不可能包括所有采购品目，因此需要制定一个采购限额标准，对于未纳入集中采购目录的政府采购项目，一次或批量采购达到一定资金数额的，实行分散采购，也就是说可以由采购人自行采购，也可以委托政府集中采购机构和经省级财政部门认定资格的社会代理机构采购，以确保财政资金使用的规范和安全，维护政府采购制度的严肃性。

政府采购限额标准的确定，根据《政府采购法》第八条规定，政府采购限额标准属于中央预算的政府采购项目，由国务院确定和公布；属于地方政府预算的采购项目，由省、自治区、直辖市人民政府或者其授权的机构确定并公布。

| # 集中采购和分散采购是什么？

政府采购实行集中采购和分散采购相结合，集中采购和分散采购是政府采购的两种组织形式。

一、集中采购

集中采购是指采购人将列入集中采购目录的项目委托集中采购机构代理采购或者进行部门集中采购的行为。集中采购目录分集中采购机构采购项目和部门集中采购项目。列入集中采购机构采购项目的，必须委托政府集中采购机构代理采购；列入部门集中采购项目的，有条件的应当实行部门集中采购，条件不具备的，可以委托集中采购机构和经省级财政部门认定资格的社会代理机构采购。

二、分散采购

分散采购是指采购人将采购限额标准以上的未列入集中采购目录的项目实行自行采购或者委托采购代理机构（包括政府集中采购机构和社会代理机构）采购的行为。分散采购包含在政府采购范畴中，分散采购必须按照政府采购规定的程序进行。

分散采购货物、工程和服务项目，限额标准如何确定呢？根据国务院办公厅《关于印发〈中央预算单位政府集中采购目录及标准〉（2020年版）的通知》（国办发〔2019〕55号），"中央预算单位分散采购限额标准，除集中采购机构采购项目和部门集中采购项目外，各部门自行采购单项或批量金额达到 100 万元以上的货物和服务的项目、120 万元以上的工程项目应按《政府采购法》和《招标投标法》有关规定执行"。根据财政部《关于印发〈地方预算单位政府集中采购目录及标准指引〉(2020 年版) 的通知》(财库〔2019〕69 号)，"省级单位政府采购货物、服务项目分散采购限额标准不应低于 50 万元，市县级单位政府采购货物、服务项目分散采购限额标准不应低于 30 万元，政府采购工程项目分散采购限额标准不应低于 60 万元；政府采购货物、服务项目公开招标数额标准不应低于 200 万元，政府采购工程以及与工程建设有关的货物、服务公开招标数额标准按照国务院有关规定执行(即按照国家发改委令第 16 号执行)"。

限额标准以下的未列入集中采购目录的项目，不适用《政府采购法》及其实施条例的规定，由采购单位按照本单位内部管理制度自行组织实施。

三、集中采购和分散采购的主要区别与联系

(一) 从采购项目特征看

列入集中采购的项目往往是通用性的项目，一般采购单位都会需要和涉及，或者是一些社会关注程度高、影响较大的货物、工程和服务类项目；而列入分散采购的项目往往是一些行政事业单位具有特殊性，不宜集中形成批量且不具有通用性的政府采购项目。

(二) 从采购执行主体看

采用集中采购的，采购单位必须是政府集中采购机构，或者部门集中采购机构或者经有关部门认定资格条件的社会代理机构；采用分散采购的，采购单位可以自行组织采购，也可以委托集中采购机构或者社会代理机构采购。

(三) 从采购的目的和作用看

集中采购具有采购成本低、操作相对规范的特点，可以发挥政府采购的规模优势，体现政府采购的效益性和公共性原则，也有利于政府部门的集中监管；分散采购可以充分调动采购单位的积极性和主动性，借助单位的技术优势和代理机构的专业优势，提高采购效率。

(四) 从两者联系看

集中采购和分散采购都要按照《政府采购法》及其实施条例规定的采购程序和采购方式组织实施采购活动，接受本级财政部门的监督管理。两者可以在专家库、供应商方面实行信息共享。

采购项目有集中采购目录内和目录外产品，可以委托社会代理机构采购吗？

　　某省城某学院采购标的物包括电梯和科研检测设备，预算金额180万元，某学院将电梯与科研检测设备合并在一起交由社会代理机构进行采购，这样可以吗？

　　根据财政部《关于印发〈地方预算单位政府采购集中采购目录及标准指引〉（2020年版）的通知》（财库〔2019〕69号），电梯为集中采购机构采购项目，属于集中采购目录内产品，而科研检测设备属于集中采购目录外产品。根据《政府采购法》的有关规定，采购人采购集中采购机构采购项目，必须委托政府集中采购机构代理采购；采购未纳入集中采购目录内的采购项目，可以自行采购，也可以委托集中采购机构或经省级财政部门认定资格的社会代理机构采购。

　　采购项目中既有集中采购目录内的品目，又有集中采购目录外的品目，如果拆分后不利于项目实施，采购成本较高，原则上应当合并执行，一并委托给集中采购机构采购。如果两类产品所需的资质行业跨度较大，合在一起采购因为满足条件的供应商较少可能会导致采购失败，此时也可以采取划分不同的采购包分别委托给政府集中采购机构和社会代理机构采购。

18 | 政府采购资格审查的内容及程序是什么?

　　资格审查是指采购人对资格预审申请人或供应商的经营资格、专业资质、财务状况、技术能力、业绩、信誉等方面的评估审查,以判断其是否具有投标和履行合同的能力。《政府采购法》第二十三条规定,"采购人可以要求参加政府采购的供应商提供有关资质证明文件和业绩情况,并根据本法规定的供应商资格条件和采购项目对供应商的特定要求,对供应商的资格进行审查"。资格审查是政府采购的必要程序。资格审查分为资格预审和资格后审。

一、资格预审

　　资格预审是指供应商投标前,由采购人依据资格预审公告和资格预审文件对潜在供应商进行评审,以确定供应商是否具备参加政府采购活动资格的一种方式。资格预审是采购程序中的一个独立环节,适用于除单一来源采购和框架协议外的其他采购方式。

　　资格预审适用于技术难度大、潜在供应商数量较多的项目。资格预审可以减少后续评审工作量,但采购时间相对较长。资格预审程序如下:

(一)发布资格预审公告或资格预审邀请书

　　采购人或者采购代理机构在政府采购平台上发布资格预审公告或资格预审邀请书,向非特定的潜在供应商发出邀请。

1. 公开招标

邀请所有符合资格条件的潜在供应商参加资格预审。资格预审公告和招标公告可以合并发布，招标文件应当向所有通过资格预审的供应商提供。

2. 邀请招标

财政部《政府采购货物和服务招标投标管理办法》(第 87 号令)第十四条规定，采用邀请招标方式的，采购人或者采购代理机构应当通过以下方式产生符合资格条件的供应商名单，并从中随机抽取 3 家以上供应商向其发出投标邀请书：

(1) 发布资格预审公告征集；

(2) 从省级以上人民政府财政部门建立的供应商库中选取；

(3) 采购人书面推荐。

采用前款第(1)项方式产生符合资格条件供应商名单的，采购人或者采购代理机构应当按照资格预审文件载明的标准和方法，对潜在投标人进行资格预审。采用前款第(2)项或者第(3)项方式产生符合资格条件供应商名单的，备选的符合资格条件供应商总数不得少于拟随机抽取供应商总数的两倍。

3. 竞争性谈判、询价

财政部《政府采购非招标采购方式管理办法》(第 74 号令)第十二条规定，采购人、采购代理机构应当通过发布公告、从省级以上财政部门建立的供应商库中随机抽取或者采购人和评审专家分别书面推荐的方式邀请不少于 3 家符合相应资格条件的供应商参与竞争性谈判或者询价采购活动。采取采购人和评审专家书面推荐方式选择供应商的，采购人和评审专家应当各自出具书面推荐意见。采购人推荐供应商的比例不得高于推荐供应商总数的 50%。

4. 竞争性磋商

财政部《政府采购竞争性磋商采购方式管理暂行办法》（财库〔2014〕214号）第六条规定，采购人、采购代理机构应当通过发布公告、从省级以上财政部门建立的供应商库中随机抽取或者采购人和评审专家分别书面推荐的方式邀请不少于 3 家符合相应资格条件的供应商参与竞争性磋商采购活动。采取采购人和评审专家书面推荐方式选择供应商的，采购人和评审专家应当各自出具书面推荐意见，采购人推荐供应商的比例不得高于推荐供应商总数的 50%。

(二) 资格预审标准及方法

资格预审申请人应当按照资格预审文件编制和提交资格预审申请文件，采购人、采购代理机构按照资格预审文件的规定进行审查。资格预审申请人提交的申请文件符合资格预审文件的，资格预审结果为合格；否则为不合格。只有通过资格预审的合格申请人才有资格参加投标（谈判、询价、磋商）采购活动。政府采购资格预审的方法采取合格制，这与工程招标投标资格预审采取合格制和有限数量制是有区别的。

《政府采购法》第二十三条规定，对供应商进行资格审查，资格预审的主体是采购人，这与工程招标投标对潜在投标人进行资格预审由资格审查委员会负责存在区别。

二、资格后审

资格后审是指采用公开招标、竞争性谈判、询价、竞争性磋商采购方式，在开标或供应商递交响应文件后，按照采购文件规定的标准和方法对供应商的资格进行审查。

《政府采购法》第二十三条和《政府采购货物和服务招标投标管理办法》（财政部令第 87 号）第四十四条、第五十条规定，"采购人或采购代理机构应当依法对投标人的资格进行审查。评标委员会应当对符合资格的投标人的投标文件进行符合性审查，以确定其是否满足招标文件的实质性要求"。因此，采用公开招标、竞争性谈判和询价方式采购的，资格后审的主体是采购人，符合性审查的主体是评标委员会。采用竞争性磋商采购方式，《政府采购竞争性磋商采购方式管理暂行办法》(财库〔2014〕214号)未明确规定资格审查的主体，根据财政部国库司的答复，"竞争性磋商项目，可由采购人及其采购代理机构依法进行资格审查，也可以由磋商小组进行资格审查，但应在磋商文件中进行明示"。因此，采用公开招标、竞争性谈判、询价、竞争性磋商进行资格后审时，其审查的主体与工程招标投标由评标委员会负责资格审查存在区别。

招标人（采购人）主体责任如何落实？

招标人(采购人)是采购活动的组织者和实施者，在招标投标和政府采购活动中处于核心地位，承担着招标投标和政府采购的主体责任。招标人(采购人)主体责任体现在以下几个方面：

一、落实招标采购前期工作

在工程招标中，招标人根据项目实施计划，做好项目立项、建设规划许可、土地使用、资金落实等前期工作，完成招标所需设计图纸及技术资料的编制与送审、招标控制价编制等准备工作。在政府采购中，采购人要落实政府采购预算，对于规模较大、专业性较强及社会关注度较高的项目要开展采购需求调查，明确采购需求。招标人(采购人)对前期资料的合法性、真实性、准确性负责。

二、拟定招标采购计划

依法经项目审批、核准部门确定的采购项目，招标人(采购人)应当依据批复的项目资金预算和政府采购预算及时编制采购计划，确定采购范围和采购方式。

三、择优选择代理机构

招标人(采购人)根据项目特点，结合代理机构专业领域、信用评价、专职人员配备等情况，自主择优选择代理机构。

四、编制招标采购文件

招标人(采购人)应当根据国家发改委及各行业发布的标准招标文件，以及项目的具体特点与实际需要科学编制招标文件(采购文件)。招标文件(采购文件)要避免量身定做，影响公平公正。

五、发布招标和采购公告

招标人(采购人)应当在政府有关部门指定的媒体和网站依法发布采购项目信息，做好招标和采购信息公开工作。

六、依法组建评标委员会

招标人(采购人)应依法组建评标委员会，并按照有关规定随机抽取评审专家，但对技术复杂、专业性强或者国家有特殊要求的项目，采取随机抽取方式确定的专家难以保证胜任评委工作时，可以由招标人(采购人)直接确定评审专家。

七、依法确定中标人

招标人(采购人)应认真审查评标委员会提交的书面评标报告，重点审查是否存在倾向性评分现象、是否存在客观性指标评分不一致、是否存在主观性指标评分畸高或畸低现象、是否存在随意否决投标等情况。招标人(采购人)根据项目评标结果依法确定中标人(成交供应商)。招标人(采购人)不得违法违规改变招标采购结果或已公示确认的中标人(成交供应商)，不得拒发中标(成交)通知书。

八、受理异议或质疑

投标人(供应商)认为资格预审文件、招标文件(采购文件)、招标采购过程、中标(成交)结果使自己的权益受到损害的，可以以书面形式向招标人(采购人)提出异议或质疑。招标人(采购人)应对投标人(供应商)提出的异议或质疑作出答复。

九、签订书面合同

中标(成交)通知书发出之日起 30 日内,招标人(采购人)与中标人(成交供应商)应当按照规定签订书面合同,不得再订立背离合同实质性内容的其他协议。

十、落实履约管理责任

采购人应切实做好对采购合同的履约管理,加强对采购项目执行情况的监督检查。

十一、搞好履约验收

履约验收是评判政府采购项目结果的重要环节。采购项目履约完成后,采购人应当及时对采购项目进行验收。采购人认为有必要的,可以邀请第三方机构参与验收。

十二、做好资金支付工作

采购人应当按照签订的书面合同,做好采购项目的资金支付工作。《保障中小企业款项支付条例》(国务院令第 728 号)规定,政府投资项目所需资金应当按照国家有关规定确保落实到位,不得由施工单位垫资建设。机关、事业单位和大型企业不得要求中小企业接受不合理的付款期限、方式、条件和违约责任等交易条件,不得违约拖欠中小企业的货物、工程、服务款项。机关、事业单位从中小企业采购货物、工程、服务,应当自货物、工程、服务交付之日起 30 日内支付款项;合同另有约定的,付款期限最长不得超过 60 日。大型企业从中小企业采购货物、工程、服务,应当按照行业规范、交易习惯合理约定付款期限并及时支付款项。机关、事业单位和国有大型企业不得强制要求以审计机关的审计结果作为结算依据。

招标人(采购人)的主体责任贯穿于招标投标和政府采购活动的全过程。招标人(采购人)要将国家利益、社会公共利益放在首位,严格执行国家的法律法规,发挥招标和政府采购的导向作用。要构建本单位招标采购内部控制制度,落实采购前期工作,做好采购需求管理。要全面履行项目管理及监督职责,建立健全采购事项集体研究、合法性审查和内部会签相结合的议事决策机制,积极发挥内部审计与纪检的监督作用。要选派责任心强、业务精湛、公道正派的工作人员负责招标采购工作,推进招标投标和政府采购工作公平公正地开展。

20 预留采购份额的政策是什么？

预留采购份额是指采购人在某一采购项目或者全部采购项目中预留一定的采购份额，专门面向特定供应商（如中小企业）或者特定地区（如不发达地区和民族地区）采购，以支持中小企业发展，促进特定地区通过政府采购获得更好的经济社会发展。

采购人在政府采购活动中应当通过加强采购需求管理，落实预留采购份额、价格评审优惠、优先采购等措施，提高中小企业在政府采购中的份额。《政府采购促进中小企业发展管理办法》（财库〔2020〕46号）第四条规定，在政府采购活动中，供应商提供的货物、工程或者服务符合下列情形的，享受本办法规定的中小企业扶持政策：

（1）在货物采购项目中，货物由中小企业制造，即货物由中小企业生产且使用该中小企业商号或者注册商标；

（2）在工程采购项目中，工程由中小企业承建，即工程施工单位为中小企业；

（3）在服务采购项目中，服务由中小企业承接，即提供服务的人员为中小企业依照《中华人民共和国劳动合同法》订立劳动合同的从业人员。

在货物采购项目中，供应商提供的货物既有中小企业制造货物，也有大型企业制造货物的，不享受本办法规定的中小企业扶持政策。以联合体形式参加政府采购活动，联合体各方均为中小企业的，联合体视同中小企业。其中，联合体各方均为小微企业的，联合体视同小微企业。

根据财库〔2020〕46号有关规定，主管预算单位应当组织评估本部门及所属单位政府采购项目，统筹制定面向中小企业预留采购份额的具体方案，对适宜由中小企业提供的采购项目和采购包，预留采购份额专门面向中小企业采购，并在政府采购预算中单独列示。政府采购预留采购份额项目：

(1)采购限额标准以上，200万元以下的货物和服务采购项目、400万元以下的工程采购项目，适宜由中小企业提供的，采购人应当专门面向中小企业采购。

(2)超过200万元的货物和服务采购项目、超过400万元的工程采购项目中适宜由中小企业提供的，预留该部分采购项目预算总额的30%以上专门面向中小企业采购，其中预留给小微企业的比例不低于60%。预留份额可以通过下列措施进行：①将采购项目整体或者设置采购包专门面向中小企业采购；②要求供应商以联合体形式参加采购活动，且联合体中中小企业承担的部分达到一定比例；③要求获得采购合同的供应商将采购项目中的一定比例分包给一家或者多家中小企业。组成联合体或者接受分包合同的中小企业与联合体内其他企业、分包企业之间不得存在直接控股、管理关系。

采购人在政府采购活动中应当合理确定采购项目的采购需求，不得以企业注册资本、资产总额、营业收入、从业人员、利润、纳税额等规模条件和财务指标作为供应商的资格要求或者评审因素，不得在企业股权结构、经营年限等方面对中小企业实行差别待遇或者歧视待遇。

财政部、国务院扶贫办《关于运用政府采购政策支持脱贫攻坚的通知》(财库〔2019〕27号)规定，鼓励采用优先采购、预留采购份额的方式采购贫困地区的农副产品。

财库〔2020〕46号第六条规定，符合下列情形之一的，可不专门面向中小企业预留采购份额：

(1)法律法规和国家有关政策明确规定优先或者应当面向事业单位、社会组织等非企业主体采购的；

(2)因确需使用不可替代的专利、专有技术，基础设施限制，或者提供特定公共服务等原因，只能从中小企业之外的供应商处采购的；

（3）预留采购份额无法确保充分供应、充分竞争，或者存在可能影响政府采购目标实现的情形；

（4）框架协议采购项目；

（5）省级以上人民政府财政部门规定的其他情形。

除上述情形外，其他均为适宜由中小企业提供的情形。

21 对中小企业价格评审优惠的政策是什么?

促进中小企业发展,是保持国民经济健康快速发展的基础,也是政府采购政策功能的重要实现形式。中小企业按照有关标准划分为中型企业、小型企业和微型企业。中小企业有两种方式享受政府采购政策优惠:一是采购人设置的资格条件专门面向中小企业采购,排除大型企业参与,这种情况中小企业不享受价格扣除优惠;二是采购人设置的资格条件面向所有企业采购,这种情况可对小型企业和微型企业的产品给予一定比例的价格扣除优惠,用扣除后的价格参与政府采购项目的评审。

中小企业参加政府采购活动,应当按招标文件规定的格式提供《中小企业声明函》,否则,不得享受相关中小企业扶持政策。任何单位和个人都不得要求供应商提供《中小企业声明函》之外的中小企业身份证明文件。

《政府采购促进中小企业发展管理办法》(财库〔2020〕46号)第九条规定,对于经主管预算单位统筹后未预留份额专门面向中小企业采购的采购项目,以及预留份额项目中的非预留部分采购包,采购人、采购代理机构应当对符合规定的小微企业报价给予6%~10%(工程项目为3%~5%)的扣除,用扣除后的价格参加评审。适用《招标投标法》的政府采购工程建设项目,采用综合评估法但未采用低价优先法计算价格分的,评标时应当在采用原报价进行评分的基础上增加其价格得分的3%~5%作为其价格分。

接受大中型企业与小微企业组成联合体或者允许大中型企业向一家或者多家小微企业分包的采购项目,对于联合协议或者分包意向协议约定小微企业的合同份额占到合同总金额30%以上的,采购人、采购代理机构应当对联合体或者大中型企业的报价给予 2%~3%（工程项目为 1%~2%）的扣除，用扣除后的价格参加评审。适用《招标投标法》的政府采购工程建设项目，采用综合评估法但未采用低价优先法计算价格分的，评标时应当在采用原报价进行评分的基础上增加其价格得分的 1%~2% 作为其价格分。组成联合体或者接受分包的小微企业与联合体内其他企业、分包企业之间存在直接控股、管理关系的，不享受价格扣除优惠政策。

价格扣除比例或者价格分加分比例对小型企业和微型企业同等对待，不作区分。具体采购项目的价格扣除比例或者价格分加分比例，由采购人根据采购标的相关行业平均利润率、市场竞争状况等，在上述规定的幅度内确定。

2022 年 5 月，财政部《关于进一步加大政府采购支持中小企业力度的通知》（财库〔2022〕19 号）规定，调整对小微企业的价格评审优惠幅度，货物、服务采购项目给予小微企业的价格扣除优惠，由财库〔2020〕46 号文件规定的 6%~10% 提高至 10%~20%。大中型企业与小微企业组成联合体或者大中型企业向小微企业分包的，评审优惠幅度由 2%~3% 提高至 4%~6%。政府采购工程的价格评审优惠按照财库〔2020〕46 号文件的规定执行。

价格评审优惠举例：2023 年 9 月，某省院校采购一批设备，采购控制价为 150 万元，采用询价方式面向市场采购，对中小企业的产品价格给予 15% 的优惠扣除。项目发布询价公告后，有一家大型设备制造企业和三家中小设备制造企业参加采购活动。经评审，四家企业的响应文件都符合询价通知书的资格及实质性要求，三家中小企业都提供了《中小企业声明函》。在评审中，大型设备制造企业报价 120 万元，中型设备制造企业报价 125 万元，小型设备制造企业报价 140 万元，微型设备制造企业报价 142 万元。经询价小组对参加响应企业的报价扣除优惠后计算，大型设备企业的评标价为 120 万元，中型设备企业的评标价为 125 万元，小型设备企业的评标价为 119 万元，微型设备服务企业的评标价为 120.7 万元。经过比较，小型设备企业的评标价最低，按照询价采购方式采用最低评标价的办法，这家小型设备制造企业为成交供应商候选人。采购公示期结束后，该院校与这家小型设备制造企业签订了 140 万元的设备采购合同。

22 哪些项目需要进行采购需求调查?

采购需求是指采购人为实现项目目标,拟采购的标的及其需要满足的技术、商务要求。技术要求是指对采购标的的功能和质量要求,包括性能、材料、结构、外观、安全,或者服务内容和标准等。商务要求是指取得采购标的的时间、地点、财务和服务要求,包括交付(实施)的时间(期限)和地点(范围)、付款条件(进度和方式)、包装和运输、售后服务、保险等。采购需求应当符合政府采购政策以及国家强制性标准和国家有关规定,并符合采购项目的特点和实际需要。确定采购需求应当明确实现项目目标的所有技术、商务要求,功能和质量指标的设置要充分考虑可能影响供应商报价和项目实施风险的因素。

采购人对采购需求管理负有主体责任,开展采购需求管理的各项工作,对采购需求和采购计划的合法性、合规性、合理性负责。采购人可以自行组织确定采购需求,也可以委托采购代理机构或者其他第三方机构开展。采购人可以通过咨询、论证、问卷调查等方式开展需求调查,了解相关产业发展、市场供给、同类采购项目历史成交信息,可能涉及的运行维护、升级更新、备品备件、耗材等后续采购,以及其他相关情况。面向市场主体开展需求调查时,选择的调查对象一般不少于 3 个,并应当具有代表性。

哪些项目需要开展需求调查呢? 根据《政府采购需求管理办法》(财库〔2021〕22 号)第十一条的规定,对于下列采购项目,应当开展需求调查:

(1)1000 万元以上的货物、服务采购项目,3000 万元以上的工程采购

项目;

（2）涉及公共利益、社会关注度较高的项目，包括政府向社会公众提供的公共服务项目等;

（3）技术复杂、专业性较强的项目，包括需定制开发的信息化建设项目、采购进口产品的项目等;

（4）主管预算单位或采购人认为需要开展需求调查的其他采购项目。

政府采购货物、工程和服务项目，符合前款第十一条规定的四种情形，是否都需要进行需求调查呢？如果采购人在编制采购需求前一年内，已就相关采购标的开展过需求调查，或者对采购项目开展过可行性研究等前期工作的，可以不再重复开展需求调查。

23 | 招标投标和政府采购的主要区别是什么？

一、采购主体及内涵

招标投标是招标人公布项目需求，邀请不特定投标人参加投标竞争，按照规定程序选择交易对象的一种市场交易行为。招标投标的主体涵盖了我国境内进行招标投标活动的各类市场主体，并没有限制。

政府采购是指国家机关、事业单位和团体组织，使用财政性资金采购依法制定的集中采购目录以内或者采购限额标准以上的货物、工程和服务的行为。政府采购的主体是各级国家机关、事业单位和团体组织。政府采购是政府进行财政支出管理、调节经济运行的一项基本制度。

二、采购范围及数额标准

工程招标范围为工程建设项目，是指工程以及与工程建设有关的货物、服务。工程招标范围和数额标准由国家发改委会同有关部门制订，报国务院批准后公布实施。

政府采购范围是使用财政性资金采购依法制定的集中采购目录以内的或者采购限额标准以上的货物、工程和服务。政府采购工程依法进行招标的，适用《招标投标法》，但其预算、计划、资金支付、采购文件备案等有关事项按政府采购程序办理。

三、采购程序

招标投标的程序主要是履行项目审批手续、招标文件的制作及发布、开标、评标、中标人的确定、签订合同等。

政府采购程序主要是政府采购预算编制、计划审批、采购文件制作及发布、评标、中标人的确定、签订合同、项目履约及验收、采购资金支付等。

政府采购招标程序和工程招标程序有一些相同的地方,但也有一些区别,招标投标的程序是从履行项目审批手续到签订合同止,而政府采购程序除此以外,还包括项目履约及验收、采购资金支付等后续工作内容。

四、代理机构选择

工程招标投标中,招标人具有编制招标文件和组织评标能力的,可以自行招标,但也可以委托代理机构办理招标事宜。

政府采购项目中,列入集中采购机构采购项目的,必须委托集中采购机构代理采购;列入部门集中采购项目的,应当实行部门集中采购,也可以委托采购代理机构采购;采用分散采购的,采购人可以自行采购,也可以委托采购代理机构采购。

五、采购方式

工程招标方式分公开招标和邀请招标。

政府采购方式分招标采购和非招标采购,招标采购包括公开招标、邀请招标,非招标采购包括竞争性谈判、单一来源采购、询价、竞争性磋商、框架协议采购。

六、评标委员会组成

工程招标的评标委员会由招标人的代表和有关技术、经济等方面的专家组成,成员人数为 5 人以上的单数,其中,技术、经济等方面的专家不得少于成员总数的 2/3。

政府采购的竞争性谈判小组、询价小组、竞争性磋商小组由采购人代表和有关专家共 3 人以上的单数组成，其中，专家的人数不得少于成员总数的 2/3。达到公开招标数额标准的货物或者服务采购项目，或者达到招标规模标准的政府采购工程，竞争性谈判小组、询价小组由 5 人以上的单数组成。技术复杂、专业性强的采购项目，评审专家中应当包含 1 名法律专家。招标采购货物和服务的，评标委员会成员人数为 5 人以上的单数。采购预算金额在 1000 万元以上、技术复杂或社会影响较大的货物或者服务项目，评标委员会成员人数应当为 7 人以上的单数。

七、管理和监督

国务院发展改革部门指导和协调全国招标投标工作，对国家重大建设项目的工程招标投标活动实施监督检查。国务院工业和信息化、住房城乡建设、交通运输、铁道、水利、商务等部门，按照规定的职责分工对有关招标投标活动实施监督。县级以上地方人民政府发展改革部门指导和协调本行政区域的招标投标工作，县级以上地方人民政府有关部门按照规定的职责分工，对招标投标活动实施监督。

政府采购活动由财政部及县以上财政部门实施管理和监督。财政部门对依法实行招标的政府采购工程项目的预算执行和政府采购政策执行情况实施监督。

招标文件（采购文件）如何设定投标人（供应商）的资格条件？

招标文件（采购文件）对投标人（供应商）资格条件的设定是招标投标和政府采购工作的重要内容，事关采购活动的成败，也关系到潜在投标人（供应商）的切身利益。投标人（供应商）资格是指投标人（供应商）参加采购项目所必须具备的基本条件，是投标人（供应商）的准入门槛。招标人（采购人）在招标文件（采购文件）中设置投标人（供应商）的资格条件，应符合三项要求：一是具有合法性，资格条件的设置不得违反相关法律法规的禁止性规定；二是具有合理性，设置的资格条件应与采购项目的需求和规模相适应；三是具有关联性，设置的资格条件与采购项目的要求存在实质上的关联。

资格条件分法定资格条件和约定资格条件。依据《招标投标法》第十八条、第二十六条规定，"招标人可以根据招标项目本身的要求，在招标公告或者投标邀请书中，要求潜在投标人提供有关资质证明文件和业绩情况，并对潜在投标人进行资格审查。投标人应当具备承担项目的能力，国家有关规定对投标人资格条件或者招标文件对投标人资格条件有规定的，投标人应当具备规定的资格条件"。《政府采购法》第二十三条规定，"采购人可以要求参加政府采购的供应商提供有关资质证明文件和业绩情况，并根据本法规定的供应商资格条件和采购项目对供应商的特定要求，对供应商的资格进行审查"。因此，根据法律规定，投标人（供应商）的资质和业绩为法定资格条件；其他条件如投标人（供应商）的财务、信誉等，为约定资格条件。

一、资格及资质条件

1. 建设工程对投标人资格及资质条件要求

建设工程是一项技术含量高、专业性强的活动，国家规定了严格的准入门槛。《中华人民共和国建筑法》（以下简称《建筑法》）第十三条规定，"从事建筑活动的建筑施工企业、勘察单位、设计单位和工程监理单位，按照其拥有的注册资本、专业技术人员、技术装备和已完成的建筑工程业绩等资质条件，划分为不同的资质等级，经资质审查合格，取得相应等级的资质证书后，方可在其资质等级许可的范围内从事建筑活动"。住房和城乡建设部及国家有关部门制定了工程勘察、设计、施工、监理的资质等级标准，招标人应根据工程项目的需求和特点来设置投标人的资质条件。另外，安全生产许可证，也是建筑施工企业必备的资格条件，企业未取得安全生产许可证的，不得从事生产活动。因此，施工企业必须具备相应的资质和安全生产许可证，才能参加招标投标活动。

2. 政府采购对供应商资格及资质条件要求

在政府采购活动中，除供应商的资格条件要符合《政府采购法》第二十二条的规定外，采购人还可以根据采购项目的特殊要求，规定供应商的特定条件，作为参加政府采购活动的准入门槛。

二、业绩资格条件

招标人（采购人）对投标人（供应商）的业绩要求，是对投标人（供应商）实力的考量，也是投标人（供应商）实际履约能力的体现。将投标单位和拟派项目主要负责人的业绩作为资格条件，对于项目功能目标的实现非常重要和必要。业绩要与招标项目的具体特点和实际需要相适应，并与合同履行有关，不能以特定行政区域或者特定行业的业绩作为资格条件。

业绩要根据项目的需求来设置，不能过高或过低。比如一个新建 6 千米二级公路施工项目，需要投标人提供新建二级公路施工项目类似业绩即可。如果要求投标人提供新建高速公路、一级公路施工业绩，或者提供新建三级公路施工业绩作为资格条件，都是不妥当的。业绩的证明材料在招标文件中要具体明确，不能模糊不清，如一个房建施工项目，业绩证明材料可以要求投标人提供类似业绩的中标通知书、合同协议书、竣（交）工验收文件的复印件，也可以要求投标人提供住房城乡建设部"四库一平台"的项目信息备案的业绩截图复印件。究竟提供哪种业绩证明材料，在招标文件中要予以明确。关于要求投标人是否提供中标通知书的问题，应当考虑招标项目的类型和规模，有些项目没有经过招投标程序，如果要求投标人提供中标通知书，就有点强人所难。

在政府采购项目中，业绩要求也要具体明确，不能让供应商不得要领。如一个办公家具采购项目，业绩要求"提供近三年的家具销售有关证明材料"，就说得比较笼统。那供应商提供的类似业绩证明材料肯定是五花八门、多种多样，有的提供同类业务的家具成交通知书，有的提供家具合同协议书，有的提供家具的销售发票，甚至有的提供家具销售的新闻报道，专家评审时怎么进行判断呢？

业绩作为资格条件，不能要求太多，《政府采购需求管理办法》（财库〔2021〕22 号）第十八条规定，"业绩情况作为资格条件时，要求供应商提供的同类业务合同一般不超过 2 个，并明确同类业务的具体范围"。对供应商衡量的重点是其完成项目的能力和水平，而不是拼业绩的多少，如果业绩要求得过多，而且还有时间限制要求，那就会逼供应商业绩造假。

业绩不仅可以作为资格条件，还可以作为评审因素。招标人（采购人）可以将投标人（供应商）和项目主要负责人的类似业绩作为加分分值考虑。但加分分值设置要合理，要考虑在商务文件中的比重。

三、财务要求

财务状况反映企业的盈利能力、偿债能力、营运能力，是企业实力的体现，对项目的履约有至关重要的作用。招标人可以要求投标人提供本单位的财务状况表和财务审计报告来考察企业的经营成果。

四、信誉要求

信誉是企业的无形资产，良好的信誉是企业立足市场、稳步发展、获得竞争优势的法宝。目前，国家有关部门已经建立了较完善的企业和个人信用评价体系，招标人可以要求投标人(供应商)提供信用平台上的各类信誉网页截图来证明其自身的信用状况。

五、其他条件

可以根据项目的特点和实际需要设置一些其他条件，比如要求投标人(供应商)提供完成项目所必需的生产设备、施工机具、仪器仪表等作为资格条件。

25 经营范围能否作为投标人的资格条件？

某市事业单位在招投标交易平台发布一条新建道路工程施工招标公告，资格条件中有这样一条：投标人具有有效的营业执照，营业执照经营范围含园林绿化施工、养护等相关内容。那么企业经营范围在招标投标和政府采购活动中能否作为投标人的资格条件呢？

经营范围是指国家允许企业生产和经营的商品类别、品种及服务项目，反映企业业务活动的内容和生产经营方向。企业经营范围由企业章程确定，并依法登记。当前，通过经营范围已经不能完全准确地判断企业在哪些业务领域更擅长、更专业，是否具有相应的履约能力。《中华人民共和国民法典》（以下简称《民法典》）第五百零五条、第一百四十三条规定，"当事人超越经营范围订立合同的效力，不违反法律、行政法规的强制性规定，不违背公序良俗，不得仅以超越经营范围确认合同无效"。如果企业已经获得相关行政许可，但没有向登记机关变更经营范围登记，导致超经营范围经营，这种情况下，企业违反变更登记规定，不违反行政许可的规定，其后果也只是限期改正。因此，已经获得行政许可但没有变更经营范围登记的，招标人或代理机构在对投标人进行资格审查时，不得以营业执照没有其经营范围为由不通过资格审查。国家发展改革委办公厅、市场监管总局办公厅联合发布的《关于进一步规范招标投标过程中企业经营资质资格审查工作的通知》（发改办法规〔2020〕727号）规定，"招标人在招标项目资格预审公告、资格预审文件、招标公告、招标文件中不得以营业执照记载的经营范围作为确定投标人经营资质资格的依据，不得将投标人营业执照记载的经营范围采用某种特定表述或者明确记载某个特定经营范围细项作为投标、加分或者中标条件，不得以招标项目超出投标人营业执照记载的经营范围为由认定其投标无效。招标项目对投标人经营资质资格有明确要求的，应当对其是否被准予行政许可、取得相关资质资格情况进行审查，不应以对营业执照经营范围的审查代替，或以营业执照经营范围明确记载行政许可批准证件上的具体内容作为审查标准"。

　　法律并没有禁止投标人超经营范围参与项目投标，所以招标人或代理机构在制作招标文件时不能把经营范围列为资格条件，以免引起投标人的异议、质疑和投诉，从而影响项目的进展。

26 招标文件违反行政法规强制性规定怎么办？

某政府大楼房建施工项目进行公开招标，大楼建筑高度 75 米，最大单跨 29 米。招标人在招标文件中对投标人的资质要求是：具有建设行政主管部门颁发的建筑工程施工总承包三级及以上资质。

评标时，评标委员会根据住房和城乡建设部《建筑工程施工总承包企业资质等级标准》的规定，"建筑工程施工总承包三级资质可承担高度 70 米以下的构筑物工程，单跨跨度 27 米及以下的建筑工程"。《建设工程质量管理条例》（国务院令第 279 号）第二十五条规定，"施工单位应当依法取得相应等级的资质证书，并在其资质等级许可的范围内承揽工程。禁止施工单位超越本单位资质等级许可的业务范围或者以其他施工单位的名义承揽工程"。该房建施工项目招标文件设立的建筑工程施工资质条件违反行政法规强制性规定。依据《招标投标法实施条例》第二十三条，"招标人编制的资格预审文件、招标文件的内容违反法律、行政法规的强制性规定，违反公开、公平、公正和诚实信用原则，影响资格预审结果或者潜在投标人投标的，依法必须进行招标的项目的招标人应当在修改资格预审文件或者招标文件后重新招标"。

根据法律法规的规定，评标委员会与招标人沟通确认后，决定终止评标，由招标人或者代理机构修改招标文件后，重新组织招标活动。

27 哪些行为属于对投标人的歧视待遇？

歧视待遇主要指招标人设定的资格、商务、技术要求与招标项目的具体特点和实际需要不相适应或者与合同履行无关，达到限制和排斥潜在投标人或投标人的行为。歧视待遇主要体现在招标文件设置的条件和资格审查阶段，常见的歧视和差别待遇包括：要求具有某协会颁发的资格证书，获得某个机构的认证，要求具有特定行政区域或者特定行业的业绩、奖项，超过项目要求的业绩标准，限定或指定特定的专利、商标、品牌、原产地等，强制要求投标人组成联合体，限定潜在投标人或投标人的所有制形式或者组织形式，等等，将这些条件作为投标人的资格条件及加分条件。

除对潜在投标人或投标人设置一些显性的歧视和差别待遇外，还设置一些隐性的歧视待遇，比如与项目可能有一定关系但关系不紧密的条件：要求投标单位获得过国家或省级科学技术进步奖，要求投标单位人员提供2年以上的社保，要求公司成立5年以上时间，要求投标人提供近三年的财务审计报表并且每年必须盈利，等等。

歧视和差别待遇还体现在购买资格预审文件、招标文件设立的前置条件上，比如，要求投标人在当地成立分公司，核验潜在投标人或投标人的社保及税款缴纳证明，提供相关业绩证明材料，提供设备厂家授权书等。

招标文件设置主观分和客观分，需要考虑什么因素？

招标文件分商务部分、技术部分和报价部分，当项目评审采用综合评估法和综合评分法（总分 100 分）时，招标文件制定的评分标准也是对这三部分进行评分。评分标准一般分客观分和主观分，客观分是评标专家根据招标文件的评分标准对投标文件的商务部分、报价部分评出的分数，这个分数一般不被专家个人的主观因素及认知所左右；主观分是评审专家根据招标文件的评分标准对投标文件的技术部分如施工组织设计、技术方案的评分，与评审专家的主观因素有很大关系，属专家的"自由裁量权"。

一个招标项目的客观分和主观分如何设置，是客观分多一些，还是主观分多一些，这决定投标人的评分高低，也决定中标结果。客观分和主观分设置的权重，要根据项目的特点、招标人的需求以及投标人的实际情况来确定。

一、招标项目的特点和类型

不同的招标项目有不同的要求，客观分和主观分的设置要针对项目的特点和类型来确定。如果招标项目较大，难度较高，那么客观分的设置就相对较高，主观分则相对较低；如果是设计项目，重点是设计方案的考察，主观分的设置就相对高一些；如果是监理项目，重点是基于能力的考察，主观分设置就较高，报价的客观分设置得就较低；如果是施工项目，需要对投资进行控制，那么投标报价就非常重要，报价的客观分权重设置就较高，有的项目甚至可以设到满分 100 分。

二、招标人的需求和目标

招标人的需求和目标是确定客观分和主观分及其权重的重要因素。如果招标人注重投标人的经验和实力，那么客观分相应地就高一些；如果招标人注重投标人的创新和发展能力，那么主观分就相对高一些；如果招标人对项目的质量和品质比较注重，那商务部分的客观分就高一些。

三、投标人的数量和能力

投标人的数量和能力也是确定客观分和主观分需要考虑的因素。如果投标人的数量较多，那么客观分特别是价格分的权重可以相应地提高，因为竞争已经比较充分，投标人的差距可能不会太大；如果投标人的能力普遍较高，那么客观分就低一些，主观分的权重就可以适当提高，因为投标人已经具备了较高的能力和水平，需要通过主观评分来更好地比较其优劣。

采用招标或竞争性磋商方式采购货物和服务项目，评审因素如何设置？

一、采用招标方式采购货物和服务项目评审因素设置

《政府采购货物和服务招标投标管理办法》（财政部令第 87 号）第五十五条规定，评审因素的设定应当与投标人所提供货物服务的质量相关，包括投标报价、技术或者服务水平、履约能力、售后服务等。资格条件不得作为评审因素。评审因素应当细化和量化，且与相应的商务条件和采购需求相对应。商务条件和采购需求指标有区间规定的，评审因素应当量化到相应区间，并设置各区间对应的不同分值。

货物项目的价格分值占总分值的比重（即权值）不得低于 30%；服务项目的价格分值占总分值的比重（即权值）不得低于 10%。执行国家统一定价标准和采用固定价格采购的项目，其价格不列为评审因素。

价格分应当采用低价优先法计算，即满足招标文件要求且投标价格最低的投标报价为评标基准价，其价格分为满分。其他投标人的价格得分统一按照下列公式计算：

投标报价得分 =（评标基准价/投标报价）×价格权值×100。

评标过程中，不得去掉报价中的最高报价和最低报价。因落实政府采购政策进行价格调整的，以调整后的价格计算评标基准价和投标报价。

二、采用竞争性磋商方式采购货物和服务项目评审因素设置

财政部《政府采购竞争性磋商采购方式管理暂行办法》(财库〔2014〕214号)第二十四条规定，综合评分法评审标准中的分值设置应当与评审因素的量化指标相对应。综合评分法货物项目的价格分值占总分值的比重(即权值)为30%~60%，服务项目的价格分值占总分值的比重(即权值)为10%~30%。采购项目中含不同采购对象的，以占项目资金比例最高的采购对象确定其项目属性。

综合评分法中的价格分统一采用低价优先法计算，即满足磋商文件要求且最后报价最低的供应商的价格为磋商基准价，其价格分为满分。其他供应商的价格分统一按照下列公式计算：

磋商报价得分=(磋商基准价/最后磋商报价)×价格权值×100。

项目评审过程中，不得去掉最后报价中的最高报价和最低报价。

30 | # 实质性要求可作为评审因素吗？

　　一个政府部门的新建房屋装修施工项目需要采购一批绿色建材产品，采购标的物是石膏砂浆(用于墙面粉刷)，石膏自流平(用于楼地面找平)，最高投标限价 280 万元，采用公开招标方式采购。招标文件要求供应商除具备《政府采购法》第二十二条的要求外，还需要供应商提供生态环保部门批复的《环境影响报告表》，绿色建材产品需满足国家标准《室内空气质量标准》GB/T 18883 的规定，其中，甲醛含量不大于标准值 0.10mg/m^3 (1 小时均值)，甲醛的含量需提供包含相关指标在内的第三方检测机构的检测报告。

　　在本案例中，甲醛含量标准值是实质性要求。实质性要求是指采购人根据采购项目需求和特点，在招标文件中规定的不允许偏离的条件，供应商必须响应，否则其投标无效。能否将绿色建材产品甲醛含量标准的实质性要求作为评审因素，即甲醛含量越低，评分越高；甲醛含量越高，评分越低。评审因素可以这样设置吗？赞成者认为，实质性要求可以作为项目评审因素，给予一定分值；反对者认为，既然是实质性条款，那么本质上应该与资格条件一样，不能作为评审因素。

　　其实，资格条件与实质性要求在审查内容及对象上是有一定区别的。资格条件属于资格审查范畴，由采购人审查，实质性要求属于符合性审查范畴，由评标委员会审查；资格条件针对的对象是投标人，实质性要求针对的是采购标的物。如果投标人不具备招标文件规定的资格要求，或者不满足实质性要求，均判定为投标无效。

《政府采购货物和服务招标投标管理办法》(财政部令第 87 号)第五十五条规定，在采用综合评分法时，对评审因素设置有三个方面的要求：评审因素的设定应当与投标人所提供货物服务的质量相关；资格条件不得作为评审因素；评审因素应当细化和量化，且与相应的商务条件和采购需求相对应。这是财政部令第 87 号为维护公平竞争，限制自由裁量权，对评审因素设置的基本要求，但并未规定"实质性要求不得作为评审因素"等内容。

招标文件设置实质性要求，必须遵守国家相关规定和标准，并与采购项目的需求密切相关。采购人将甲醛含量标准设定为评审因素，既符合政府采购法律法规对评审因素设置的相关规定，也符合保护公众健康的实际需要。

31 采购文件能否将信用记录设置为评审因素?

　　一个事业单位的服务类项目,采用公开招标方式采购,采购文件的评分办法中规定供应商近三年未列入不良行为记录名单、未列入失信被执行人记录名单、未列入严重违法失信行为记录名单,否则,违反一项扣2分,共计6分。

　　在采购文件中,将信用记录设置为评审因素符不符合法定要求呢?根据财政部《关于在政府采购活动中查询及使用信用记录有关问题的通知》(财库〔2016〕125号)意见,"将相关主体的信用记录作为供应商资格条件审查的重要依据"。因此,信用记录应设置为资格条件。如果将信用记录作为评审因素,违反《政府采购货物和服务招标投标管理办法》(财政部令第87号)第五十五条"资格条件不得作为评审因素"的规定。

　　信用记录是供应商进入政府采购市场的准入门槛,失信主体不能参加政府采购活动。《政府采购法》第七十七条规定,列入不良行为记录名单,三年内禁止参加政府采购活动。财政部《关于在政府采购活动中查询及使用信用记录有关问题的通知》(财库〔2016〕125号)中规定,采购人或者采购代理机构应当对供应商信用记录进行甄别,对列入失信被执行人、重大税收违法案件当事人名单、政府采购严重违法失信行为记录名单及其他不符合《政府采购法》第二十二条规定条件的供应商,应当拒绝其参与政府采购活动。两个以上的自然人、法人或者其他组织组成一个联合体,以一个供应商的身份共同参加政府采购活动的,应当对所有联合体成员进行信用记录查询，联合体成员存在不良信用记录的，视同联合体存在不良信用记录。

综上所述，这个事业单位的服务类采购项目将信用记录设置为评审因素违反政府采购法律法规的相关规定，采购人应终止采购活动，在修改采购文件后，重新组织采购。

32 全生命周期成本是否可以设置为评审因素？

　　什么是"全生命周期成本"？简单地说，就是产品"由产生到报废"全过程所产生的总费用，从成本构成角度分析，采购标的物的采购成本、使用成本、处置成本构成了"全生命周期成本"。在一般人们的观念中，采购成本仅仅是产品的初始价格和安装调试费用，而产品的后续运行成本和处置成本往往被忽视。因此，一直以来采购人往往只追求初次采购成本的"物美价廉"，而对使用成本、处置成本没有给予应有的重视，造成采购成本虽然看似较低，而实际使用综合成本较高的情况。

　　财政部《政府采购需求管理办法》（财库〔2021〕22 号）第二十一条规定，"需由供应商提供设计方案、解决方案或者组织方案，采购人认为有必要考虑全生命周期成本的，可以明确使用年限，要求供应商报出安装调试费用、使用期间能源管理、废弃处置等全生命周期成本，作为评审时考虑的因素"。因此，政府采购可以将产品的全生命周期成本设置为评审因素。

　　哪些项目更适合全生命周期成本管理呢？主要有四类项目：一是后期运行成本高、能耗大、检修费用高的设备项目，如中央空调、配电设备等；二是对可靠性要求高，发生故障可能引起较大损失或影响的设备，如服务器、计算机网络设备等；三是技术升级快、强调后续兼容的科技类产品，一旦采购某一家的产品，后续的系统维护及保养升级，很难由其他供应商的产品或服务来进行适配；四是绿色节能产品项目，绿色节能产品虽然工艺比较成熟，但绿色节能产品前期投入大，难以降低生产成本，一次性采购成本往往较高，然而，从全生命周期总成本角度综合考虑，往往比普通产品更划算。

怎样结合采购项目做到全生命周期成本管理呢？《政府采购需求管理办法》(财库〔2021〕22 号)第十条明确，"对采购标的开展需求调查，包括可能涉及的运行维护、升级更新、备品备件、耗材等后续采购，以及其他相关情况"。这就要求采购人在采购需求调查阶段，将采购标的的后期维护成本和废弃成本在内的全生命周期成本考虑进去。

把全生命周期成本设置为评审因素应考虑三个方面：全生命周期成本不可量化的评价指标应当设置为实质性要求，不作为评分项；全生命周期成本评价体系测算的总报价而不是一次性配置报价，可设置为评审因素；需由供应商提供设计方案、解决方案或者组织方案，且供应商的经验和能力对履约有直接影响的，可设置评分项。

评审因素的设定应当全面准确反映采购人的需求和重点，将全生命周期成本作为评审因素，既符合政府采购法律法规的相关规定，也符合项目采购的实际需要。

33 工程量清单如何编制?

　　工程量清单是指建设工程的分部分项工程、措施项目、其他项目、规费项目和税金项目的名称和相应数量等的明细清单。工程量清单是工程量清单计价的基础，贯穿于建设工程的招标投标阶段和施工阶段，是编制招标控制价、投标报价、计算工程量、支付工程款、调整合同价款、办理竣工结算以及工程索赔的依据。全部使用国有资金投资或者以国有资金投资为主的建设工程，应当采用工程量清单计价；非国有资金投资的建设工程，鼓励采用工程量清单计价。

　　招标工程量清单必须作为招标文件的组成部分，由招标人提供，并对其准确性和完整性负责。招标工程量清单应由具有编制能力的招标人或受其委托、具有相应资质的工程造价咨询人进行编制。招标工程量清单应以单位(项)工程为单位编制，由分部分项工程量清单、措施项目清单、其他项目清单、规费和税金项目清单组成。

一、分部分项工程项目清单的编制

　　分部分项工程量清单所反映的是拟建工程分部分项工程项目名称和相应数量的明细清单，包括项目编码、项目名称、项目特征、计量单位、工程量和工作内容。

(一)项目编码

　　项目编码是分部分项工程和措施项目清单名称的阿拉伯数字标识。编码分五级设置，用12位阿拉伯数字表示，其中，第1、2位为相关工程国家计量规范代码，第3、4位为专业工程顺序码，第5、6位为分部工程顺序码，第7、8、9位为分项工程项目名称顺序码，第10、11、12位为清单项目编码。

(二)项目名称

分部分项工程量清单的项目名称应根据《计量规范》的项目名称结合拟建工程的实际确定。

(三)项目特征

项目特征是指构成分部分项工程量清单、措施项目自身价值的本质特征。分部分项工程量清单项目特征应按《计量规范》的项目特征，结合拟建工程项目的实际予以描述。

(四)计量单位

分部分项工程量的计量单位应按《计量规范》中的计量单位确定。

(五)工程量

分部分项工程量清单中所列工程量应按《计量规范》的工程量计算规则计算。工程量计算规则是指对清单项目工程量计算的规定。除非另有说明，所有清单项目的工程量以实体工程量为准，并以完成后的净值来计算。采用工程量清单计算规则，工程实体的工程量是唯一的。统一的工程量清单为各投标人提供了一个公平竞争的平台，也方便招标人对各投标人的报价进行对比。

(六)补充项目

编制工程量清单如果出现《计量规范》附录中未包括的项目，编制人应作补充，并报省级或行业工程造价管理机构备案。

二、措施项目清单的编制

措施项目清单是指为完成工程项目施工，发生于该工程施工准备和施工过程中的技术、生活、安全、环境保护等方面的项目清单。《建设工程工程量清单计价规范》GB 50500—2013 将措施项目分为能计量的和不能计量的两类。对能计量的措施项目，即单价措施项目，同分部分项工程量一样，编制措施项目清单时应列出项目编码、项目名称、项目特征、计量单位、工程量；对不能计量的措施项目，即总价措施项目，措施项目清单中仅列出项目编码、项目名称，但未列出项目特征、计量单位的项目，编制措施项目清单时，应按现行计量规范附录（措施项目）的规定执行。由于工程建设施工特点和承包人组织施工生产的施工装备水平、施工方案及管理水平的差异，同一工程、不同承包人组织施工采用的施工措施有时并不完全一致，因此《建设工程工程量清单计价规范》GB 50500—2013 规定，措施项目清单应根据拟建工程的实际情况列项。

三、其他项目清单的编制

因招标人特殊要求而发生的与拟建工程有关的其他费用项目和相应数量的清单，根据拟建工程的具体情况，有四项内容：

(一)暂列金额

暂列金额是招标人暂定并包括在合同中的一笔款项，用于施工合同签订时尚未确定或者不可预见的所需材料、设备、服务采购，施工中可能发生的工程变更、合同约定调整因素出现时的工程价款调整以及发生的索赔、现场签证确认等的费用。

(二)暂估价

暂估价是指招标人在工程量清单中提供的用于支付必然发生但暂时不能确定价格的材料、工程设备以及专业工程的价款。

（三）计日工

计日工是为了解决现场发生的零星工作的计价而设立的，计日工以完成的零星工作所消耗的人工工时、材料数量、机械台班进行计量，并按照计日工表中填报的适用项目的单价进行计价支付。

（四）总承包服务费

总承包服务费是为了解决招标人进行专业工程发包以及招标人采购供应的材料、设备时，要求总承包人对发包的专业工程提供协调、服务、现场管理以及竣工资料统一汇总整理而向总承包人支付的费用。招标人应当预计该项费用，并按投标人的投标报价向投标人支付该项费用。

四、规费项目清单的编制

规费是按国家法律法规的规定，由省级政府和有关部门规定必须缴纳或计取的费用，应计入建筑安装工程造价的费用，包括：

（1）社会保险费，包括养老保险费、失业保险费、医疗保险费、工伤保险费、生育保险费。

（2）住房公积金。

五、税金项目清单的编制

税金是指国家税法规定应计入建筑安装工程造价的增值税销项税额。

六、工程量清单总说明的编制

工程量清单总说明包括工程概况，工程招标及分包范围，工程量清单编制依据，工程质量、材料、施工的特殊要求及其他需要说明的事项。

七、招标工程量清单汇总

在分部分项工程量清单、措施项目清单、其他项目清单、规费和税金清单编制完成以后，经审查复核，与工程量清单封面及总说明汇总并装订，由相关责任人签字和盖章，形成完整的招标工程量清单文件。

招标控制价如何编制？

招标控制价是招标人根据国家以及当地有关规定的计价依据、计价办法、招标文件、市场行情，并按照施工图纸等具体条件调整编制，对招标工程限定的最高工程造价，也称为最高投标限价。《招标投标法》及其实施条例规定，国有资金投资的工程项目进行招标时，招标人可以设标底。当招标人不设标底时，招标人必须编制招标控制价，作为最高投标限价。投标人的投标报价高于最高投标限价的，应否决其投标。当采用工程量清单计价时，招标控制价的编制内容包括分部分项工程费、措施项目费、其他项目费、规费和税金。

一、分部分项工程费

分部分项工程费采用综合单价的方法编制。分部分项工程量应是招标文件中工程量清单提供的工程量，综合单价应根据招标文件中的分部分项工程量清单的特征描述及有关要求、行业建设主管部门颁发的计价依据、标准和办法进行编制。

二、措施项目费

措施项目费应依据招标文件提供的措施项目清单和拟建工程项目的施工组织设计进行确定。对于单价措施项目，应按照分部分项工程量清单的方式采用综合单价计价；总价措施项目可以以"项"为单位的方式计价。措施项目费中的安全文明施工费应当按照国家或地方行业建设主管部门的规定标准计价。

三、其他项目费

(一)暂列金额

暂列金额应按招标工程量清单中列出的金额填写。

(二)暂估价

暂估价中的材料、设备应按照招标工程量清单列出的单价计入综合单价,专业工程暂估价金额应按照招标工程量清单中列出的金额填写。

(三)计日工

计日工的人工单价和施工机械台班单价,应按省级、行业建设主管部门或其授权的工程造价管理机构公布的单价计算。材料应按工程造价管理机构公布的工程造价信息中的材料单价计算。工程造价信息未发布材料单价的,按市场调查的单价计算。

(四)总承包服务费

总承包服务费应按照省级、行业建设主管部门的规定,并根据招标文件列出的内容和要求估算。

四、规费和税金

规费和税金必须按国家或省级、行业建设主管部门规定的标准计算,不得作为竞争性费用。

35 | 如何控制"不平衡报价"？

　　工程投标报价一般采用工程量清单计价，工程量清单计价是一种主要由市场定价的计价模式。工程量清单是建设工程计价、付款、结算的依据，贯穿于工程招标投标阶段和施工阶段。但与此同时，采用工程量清单计价也产生了一个不可忽视的问题，比如投标单位会利用"不平衡报价"的方法和手段来提高工程价款。

　　所谓"不平衡报价"，就是投标单位在投标总报价不变的前提下，调整各清单项目报价，以期既不提高总价，也不影响中标，又能在结算时得到更多经济效益的行为。"不平衡报价"主要有两种表现形式。第一，投标单位通过研究设计图纸，揣摩建设单位意图，对清单上在以后施工中工程量可能增加的项目报高价，可能减少的项目报低价；同时，对清单上能够早日结算的项目报高价，对后期结算的项目报低价。第二，投标单位通过研究招标文件和设计图纸，对清单上内容不明确、存在变更可能性的项目报低价，涉及贵重材料的项目报高价。投标单位通过以上手段进行投标报价，将会为以后的工程结算埋下伏笔。一旦中标，对于第一种情况，施工单位便意图取消报低价的项目，增加报高价的项目；对于第二种情况，施工单位则全力和建设单位讨价还价，设法调整、变更项目。通过这些手段，施工单位使工程造价向对自己有利的方向调整，这样，工程结算价远超过中标价，原来的低价或合理价中标，实质上成了高价中标。

　　针对第一种情况，招标单位可以对主要清单项目的单价设立指导价，在此基础上计算出标底。因工程量清单报价采用综合单价法，各项目单价中已包括该项目除规费税金外所有费用，招标单位可以在招标文件中规定，指导价为投标单位对各项目报价的最高限价，这样将"不平衡报价"限制在合理的范围之内。设立指导价还有一个作用，就是在清标或评标阶段，清标或评标委员会可以借助指导价分析报价差异的原因，用以估计投标报价是否低于成本。这里的关键在于指导价的确定是否合理，是否与市场价基本一致，同时又包括合理的成本、费用及利润。当然，指导价也不能过分压价。针对第二种情况，招标单位必须把前期工作做足，深化设计，在设计图纸上和招标文件中将各项目的工作内容和范围进行详细说明，将价格差距较大的贵重材料的品种、规格、质量予以明确。对于某些无法事先明确的项目，可考虑先以暂定价统一口径计入，日后据实调整。

因此，招标单位必须把"不平衡报价"控制在合理的范围之内，防止投标单位利用"合理手段"使项目产生投资风险。这样，真正使投标人之间的竞争不仅仅是投标报价的竞争，更是投标单位实力、技术和管理水平的竞争。

36 物业管理服务可以采用询价方式采购吗?

案例，2023年6月，某市某医院将本单位的安全保卫、卫生保洁、食堂饮食等物业管理服务对外进行采购，最高限价180万元，合同期限为1年。因为时间较紧急，采购单位医院要求采购代理机构采用程序简单、以价格作为主要考虑因素的询价方式采购。

采购代理机构认为询价只适用于货物项目采购，不适用于服务项目采购，依据是《政府采购法》第三十二条的规定，"采购的货物规格、标准统一，现货货源充足且价格变化幅度小的政府采购项目，可以采用询价方式采购"。但是，采购单位认为物业管理服务项目完全可以采用询价方式采购，依据是《政府采购需求管理办法》(财库〔2021〕22号)第十九条的规定，"采购方式、评审方式和定价方式的选择应当符合法定情形和采购需求特点，其中，达到公开招标数额标准，因特殊情况需要采用公开招标以外的采购方式的，应当获得批准。采购需求客观、明确且规格、标准统一的采购项目，如通用设备、物业管理等，一般采用招标或者询价方式采购，以价格作为授予合同的主要考虑因素，采用固定总价或者固定单价的定价方式"。根据此项规定，该物业管理项目采购金额180万元，未达到服务类公开招标数额标准200万元，不符合招标方式的采购条件，那只能采用询价方式采购。

虽然《政府采购法》的法律位阶高于《政府采购需求管理办法》，但是，按照新法优于旧法、特别法优于一般法的原则，物业管理服务是可以采用询价方式采购的。

37 | 采用单一来源采购方式可以采购本地生产的电梯吗?

为了支持地方制造业的发展,某市政府机关在政府采购活动中,按照市场化同等质量、同等服务的要求,拟采用单一来源采购方式,优先采购本地生产的电梯。

政府采购是全国统一大市场,《政府采购法》第五条规定,任何单位和个人不得采用任何方式,阻挠和限制供应商自由进入本地区和本行业的政府采购市场。因此,优先采购本地生产的电梯的做法是不合法的。

单一来源采购作为政府采购方式之一,有其必要性和合理性,但因该种采购方式缺乏竞争性,实际操作中如果监管不严,极易滋生以权谋私、价格虚高等问题。根据《政府采购法》第三十一条的规定,采购货物或者服务,单一来源采购有三种适用情形,现分述如下:

(一)只能从唯一供应商处采购的

根据《政府采购法实施条例》第二十七条的规定,"只能从唯一供应商处采购的,是指因货物或者服务使用不可替代的专利、专有技术,或者公共服务项目具有特殊要求,导致只能从某一特定供应商处采购"。使用专利或者专有技术的项目采用单一来源方式采购,需要同时满足三个方面的条件:一是项目功能的客观定位决定必须使用指定的专利、专有技术或服务;二是项目使用的专利、专有技术或服务具有不可替代性;三是产品或生产工艺的专利、专有技术或服务具有独占性,导致无法由其他供应商提供,只能由某一特定的供应商提供。

(二)发生了不可预见的紧急情况不能从其他供应商处采购的

市场供应能力、供应时间能够满足应急需要的,采购人不得因紧急采购而排除公平竞争。由于采购人缺乏合理规划导致项目具有紧急性的,不具备不可预见性。

(三)必须保证原有采购项目一致性或者服务配套的要求,需要继续从原供应商处添购,且添购资金总额不超过原合同采购金额的百分之十。

电梯是一种通用产品,其专利技术不具有独占性、不可替代性,也不存在发生不可预见的紧急情况及服务配套的要求。因此,根据《政府采购法》的有关规定,结合采购项目的具体特点和实际情况,不能采用单一来源采购方式采购本地生产的电梯。

38 | 竞争性磋商的发售期限与公告期限怎么区分？

　　采用竞争性磋商方式采购的，磋商文件的发售期限与竞争性磋商公告的公告期限是不是同一个概念？有什么区别？《政府采购竞争性磋商采购方式管理暂行办法》(财库〔2014〕214号)第十条规定，"磋商文件的发售期限自开始之日起不得少于5个工作日"。财政部《关于做好政府采购信息公开工作的通知》(财库〔2015〕135号)规定，"竞争性磋商公告的公告期限为3个工作日"。发售期限与公告期限这两者不是同一个概念，设置磋商文件的发售期限，目的是给供应商获得磋商文件确定一个时间期限；设置竞争性磋商公告的公告期限，目的是给供应商对磋商文件提出质疑确定一个起始日期。

　　《政府采购法》第五十二条规定，供应商认为采购文件、采购过程和中标、成交结果使自己的权益受到损害的，可以在知道或者应知其权益受到损害之日起七个工作日内，以书面形式向采购人提出质疑。《政府采购法实施条例》第五十三条规定，《政府采购法》第五十二条规定的供应商应知其权益受到损害之日，是指对可以质疑的采购文件提出质疑的，为收到采购文件之日或者采购文件公告期限届满之日。这里的"收到采购文件之日"，是指供应商直接到采购代理机构指定地点购买采购文件，供应商拿到采购文件的当天就是质疑时效期间的起算日期；这里的"采购文件公告期限届满之日"，是指通过公告发售的采购文件，代理机构不太可能确切地知道供应商下载采购文件的日期，所以质疑时效期间的起算日期统一设定为采购文件公告期限届满之日。

39 传统招投标与电子招投标的主要区别及优劣有哪些？

传统招投标和电子招投标，是当前招投标的两种不同的载体形式。传统招投标是指通过纸质文件、邮件以及传真等形式进行的招标投标活动；电子招投标是指以数据电文形式，依托电子招标投标系统完成招标投标交易的活动。两者主要区别及优劣如下：

（1）传统招投标，需要纸质形式的文件送达、邮寄，周期较长，费用较高；电子招投标系统采用的是网络和信息技术，可以实现信息的快速传递和处理，各方主体可以快速进行信息交换，实现资源共享，投标人无须制作纸质文件和上门报名，具有更高的便利和时效。

（2）传统招投标容易受到各种干扰，可能会导致信息泄露等问题；而电子招投标采用加密传输、数字签名和身份认证等安全措施，可靠性较好。传统招投标和电子招投标都可以对招标投标过程进行监控和记录，但电子招投标可以通过数字系统实现"一屏统管"，便于工作人员全过程掌握招标投标状况，提高监管效率。

（3）电子化操作系统可以对投标文件进行数据分析和整合，能够准确地计算出投标单位商务、技术和价格的各项评分及综合得分，减轻评标专家的工作量，降低差错率。招标代理机构、评标委员会、交易服务平台与投标人沟通比较容易，需要投标人澄清、说明的，比较方便快捷。项目结束之后，自动完成电子归档，有利于档案管理。招投标信息也可以随时进行搜索查询。

(4)电子招投标将开标、评标从线下"搬"到线上，实现了开标、评标由线下的"面对面"到线上的"键对键"的转变，减少了人员聚集，确保了疫情防控期间招标投标工作的顺利开展，同时也会激发更多的市场主体参与竞争。

(5)传统招投标需要大量纸张，会造成资源浪费，对环境也有污染；而电子招投标，通过数据电文形式编制招投标文件并进行交易，减少了纸张的消耗和废弃物的排放，符合绿色低碳发展的要求，是未来招标投标发展的一个方向。

(6)电子招标投标作为一种全新的业务形态，实践中也存在一些问题。现有电子招标投标平台不同地域、不同行业之间缺乏统一的建设和认证标准，如各平台数字证书(CA)认证机构各不相同，投标人需要办理多个CA证书才能满足投标需要。电子招投标文件制作工具、电子文件格式各平台缺乏统一标准，互不兼容，投标人每参加一个新平台的招标项目，都需要花费一定的时间来熟悉其操作流程。即便文件有模板，也是固定格式，不允许做出相应修改，不能满足具体项目的特殊需要。电子投标通常有文件大小限制，投标文件在压缩后可能会出现投标报价不清晰、格式错误等，或者投标文件解密失败，而导致投标人投标无效。

第二部分
投　标

40 | 控股或全资子公司能否参加控股单位的投标？

国家机关、事业单位、国有企业出资设立的控股子公司或全资子公司，能否参加控股单位招标项目的投标？针对这个问题，有两种截然不同的观点：一种观点认为，控股或全资子公司与作为招标人的控股单位存在利害关系，会影响招标活动的公正性，不能参加投标；另一种观点认为，国家机关、事业单位、国有企业下属的控股或全资子公司可以参加投标，只要与控股或全资子公司有利害关系的招标人员及相关人员回避，不影响公正性即可。

对于这个问题，国家发改委进行了答复，"《招标投标法实施条例》第三十四条第一款规定，与招标人存在利害关系可能影响招标公正性的法人、其他组织或者个人，不得参加投标。本条款没有一概禁止与招标人存在利害关系的法人、其他组织或者个人参与投标，构成本条第一款规定情形需要同时满足'存在利害关系'和'可能影响招标公正性'两个条件。即使投标人与招标人存在某种'利害关系'，但如果招投标活动依法进行、程序规范，该'利害关系'并不影响其公正性的，就可以参加投标"。

控股单位的下属单位是否都能参加控股单位的招标投标活动呢？根据国家发改委等七部委《工程建设项目施工招标投标办法》第三十五条的规定，"投标人是响应招标、参加投标竞争的法人或者其他组织。招标人的任何不具独立法人资格的附属机构（单位），或者为招标项目的前期准备或者监理工作提供设计、咨询服务的任何法人及其任何附属机构（单位），都无资格参加该招标项目的投标"。

政府采购是否适用《招标投标法实施条例》第三十四条第一款、《工程建设项目施工招标投标办法》第三十五条的规定呢？《招标投标法实施条例》第八十三条规定，"政府采购的法律、行政法规对政府采购货物、服务的招标投标另有规定的，从其规定"。因此，政府采购货物、服务的招标投标适用政府采购的法律法规体系。

在政府采购活动中，控股子公司或全资子公司能否参加控股单位的采购活动？《政府采购法》第十二条、《政府采购法实施条例》第九条都做了相关规定，"采购人员、评审专家及相关人员与供应商存在利害关系的，必须回避"。财政部国库司对这种情况也进行了有针对性的答复："政府采购法律制度未对采购人全资管理控股子公司参与其采购项目做出限制性规定。"因此，政府采购项目，控股或全资子公司参加控股单位的投标(响应)，在法律上没有任何障碍。

41 事业单位可以参加招标投标和政府采购活动吗？

事业单位是指国家为了社会公益目的，由国家机关举办或者其他组织利用国有资产举办的，从事教育、科技、文化、卫生等活动的社会服务组织。国务院办公厅《关于印发分类推进事业单位改革配套文件的通知》(国办发〔2011〕37号)规定，按照社会功能，将现有事业单位划分为承担行政职能、从事生产经营活动和从事公益服务三个类别。

(1)承担行政职能的事业单位，即承担行政决策、行政执行、行政监督等职能的事业单位。认定行政职能的主要依据是国家有关法律法规和中央有关政策规定。这类单位将逐步将行政职能划归行政机构，或转为行政机构。今后，不再批准设立承担行政职能的事业单位。

(2)从事生产经营活动的事业单位，即所提供的产品或服务可以由市场配置资源、不承担公益服务职责的事业单位。这类单位要逐步转为企业或撤销。今后，不再批准设立从事生产经营活动的事业单位。

(3)从事公益服务的事业单位，即面向社会提供公益服务和为机关行使职能提供支持保障的事业单位。改革后，只有这类单位继续保留在事业单位序列。根据职责任务、服务对象和资源配置方式等情况，将从事公益服务的事业单位细分为两类。

公益一类事业单位，即承担义务教育、基础性科研、公共文化、公共卫生及基层的基本医疗服务等基本公益服务，不能或不宜由市场配置资源的事业单位。这类单位不得从事经营活动，其宗旨、业务范围和服务规范由国家确定。

公益二类事业单位，即承担高等教育、非营利医疗等公益服务，可部分由市场配置资源的事业单位。这类单位按照国家确定的公益目标和相关标准开展活动，在确保公益目标的前提下，可依据相关法律法规提供与主业相关的服务，收益的使用按国家有关规定执行。

《政府采购促进中小企业发展办法》（财库〔2020〕46号）第六条规定，"法律法规和国家有关政策明确规定优先或者应当面向事业单位、社会组织等非企业主体采购的，可不专门面向中小企业预留采购份额"。《政府购买服务管理办法》（财政部令第102号）第六条规定，"依法成立的企业、社会组织（不含由财政拨款保障的群团组织），公益二类和从事生产经营活动的事业单位，农村集体经济组织，基层群众性自治组织，以及具备条件的个人可以作为政府购买服务的承接主体"。因此，根据国家有关政策规定，公益二类和从事生产经营活动的事业单位可以参加招标投标和政府采购活动，并成为政府购买服务的承接主体及供应商。

42 | # 分公司可以以自己的名义投标吗？

　　分公司可以以自己的名义参加招标投标和政府采购活动吗？有两种不同的观点：一种观点认为，分公司不具有法人资格，没有相应资质条件，其民事责任由总公司承担，不能独立参加招标投标和政府采购活动；另一种观点认为，分公司依法设立并领取营业执照，可以以自己的名义从事民事活动，可以参加招标投标和政府采购活动。

　　《招标投标法》第二十五条规定，"投标人是响应招标、参加投标竞争的法人或其他组织"。分公司不属于法人，那属不属于其他组织呢？《最高人民法院关于适用中华人民共和国民事诉讼法的解释》第五十二条规定，"其他组织是指合法成立，有一定的组织机构和财产，但又不具备法人资格的组织，包括依法设立并领取营业执照的法人的分支机构"。分公司是被总公司管辖而不具有法人资格的分支机构，因此分公司属于其他组织。理所当然，分公司是可以参加招标投标活动的。

　　分公司能否参加政府采购法活动呢？《政府采购法》第二十一条规定，"供应商是指向采购人提供货物、工程或者服务的法人、其他组织或者自然人"。分公司属于其他组织，完全可以参加政府采购活动。《民法典》第七十四条规定，"法人可以依法设立分支机构，分支机构以自己的名义从事民事活动，产生的民事责任由法人承担；也可以先以该分支机构管理的财产承担，不足以承担的，由法人承担"。分公司（分支机构）不是独立法人，没有《政府采购法》第二十二条规定的"具备独立承担民事责任能力"的条件，但分公司经总公司授权，可以以分公司的名义参加政府采购活动，但民事责任由总公司承担。对于一些特殊大型企业如银行、保险、电信、邮政、铁路等，总公司一般通过分公司的营业执照概括性授权其分公司独立参加政府采购活动，其民事责任由总公司承担。

当法律规定一些项目必须由一定资格条件和特定组织形式实施的项目，分公司能否参加呢？《招标投标法》第二十六条规定，"投标人应当具备承担招标项目的能力，国家有关规定对投标人资格条件或者招标文件对投标人资格条件有规定的，投标人应当具备规定的资格条件"。比如，根据《建筑法》及建筑工程资质管理有关规定及标准，建筑工程勘察、设计、施工、监理企业必须具有法人资格，必须取得相应等级的资质证书后，方可在其资质等级许可的范围内从事建筑活动。分公司不属于法人组织，不具备建筑企业的资质条件，因此，也就不能参加建设工程的勘察、设计、施工、监理等投标活动。

43 分公司可以用总公司的资质和业绩投标吗?

分公司虽然不具备法人资格,其民事责任由总公司承担,在一定条件下,可以以自己的名义投标,但分公司可以用总公司的资质和业绩参加投标吗?

《招标投标法》第十八条规定,招标人可以根据招标项目本身的要求,在招标公告或投标邀请书中,要求潜在投标人提供有关资质证明文件和业绩情况,并对潜在投标人进行资格审查。《政府采购法》第二十三条规定,采购人可以要求参加政府采购的供应商提供有关资质证明文件和业绩情况,并根据本法规定的供应商条件和采购项目对供应商的特定要求,对供应商的资格进行审查。由此可见,投标人(供应商)必须使用自己的资质和业绩才能参加投标(响应),如果分公司使用总公司的资质和业绩投标,属于《招标投标法实施条例》第四十二条,"使用通过受让或者租借方式获取的资格或资质证书投标,属于以他人名义投标"的情形,是法律法规禁止的行为。

招标文件(采购文件)对投标人(供应商)资质和业绩的资格要求,是根据法律法规的规定和项目的实际需要确定的。如果允许分公司借用总公司的资质和业绩投标,中了标后总公司不履约,由分公司履约,而分公司又没有实际履约能力,会给项目的实施带来巨大的风险。

因此,分公司可以自己的名义投标,但不能使用总公司的资质和业绩;反过来也一样,总公司同样不能使用分公司的资格条件和业绩参加招标投标和政府采购活动。

44 | 分公司被列入不良信用记录名单，总公司能否参加投标？

《中华人民共和国公司法》第十四条规定，"公司可以设立分公司。分公司不具有法人资格，其民事责任由公司承担"。因此，当分公司被列入不良信用记录名单，如失信被执行人名单、重大税收违法案件当事人、政府采购严重违法失信行为记录名单，设立该分公司的总公司在参加招标投标和政府采购活动时，也将被判定为资格不符合要求。同样，总公司被列入不良信用记录名单，分公司也不能参加招标投标和政府采购活动。

财政部《关于在政府采购活动中查询及使用信用记录有关问题的通知》（财库〔2016〕125号）规定，"采购人或者采购代理机构应当在采购文件中明确信用信息查询的查询渠道及截止时点、信用信息查询记录和证据留存的具体方式、信用信息的使用规则等内容。采购人或者采购代理机构应当对供应商信用记录进行甄别，对列入失信被执行人、重大税收违法案件当事人名单、政府采购严重违法失信行为记录名单及其他不符合《政府采购法》第二十二条规定条件的供应商，应当拒绝其参与政府采购活动。两个以上的自然人、法人或者其他组织组成一个联合体，以一个供应商的身份共同参加政府采购活动的，应当对所有联合体成员进行信用记录查询，联合体成员存在不良信用记录的，视同联合体存在不良信用记录"。

如果投标人（供应商）存在不良信用记录，其投标将会被判定为无效。诚实守信是采购活动的基本原则，在招标投标和政府采购活动中查询及使用信用记录，对参与采购活动的投标人（供应商）进行守信激励、失信约束，是政府相关部门开展协同监管和联合惩戒的重要举措，对降低市场运行成本、改善营商环境、高效开展市场经济活动具有重要作用，有利于形成"一处违规、处处受限"的信用机制。

45 自然人和个体工商户可以参加政府采购活动吗？

《政府采购法》第二十一条规定，供应商是指向采购人提供货物、工程或者服务的法人、其他组织或者自然人。自然人是基于自然出生而依法享有民事权利和承担义务的个人，自然人从事工商业经营，经依法登记，为个体工商户，个体工商户与其经营者的自然人属性身份不可分离。因此，根据《政府采购法》的规定，自然人、个体工商户可以参加政府采购活动。

参加政府采购活动应当符合《政府采购法》第二十二条的法定资格条件，并按照有关规定需提供相应的证明材料，如提供经审计的财务报告、依法缴纳税收、社会保障资金及设备、专业技术能力等材料。但是自然人和个体工商户无法提供这些证明材料怎么办？在具体项目采购时，采购人在设置供应商的资格条件时，应该根据项目的实际需求和特点，设置自然人和个体工商户可以达到的条件。

自然人能否享受中小企业扶持政策？自然人不属于企业，不能享受中小企业扶持政策。个体工商户能否享受中小企业扶持政策？根据《关于印发中小企业划型标准规定的通知》（工信部联企业〔2011〕300号）第六条的规定，"个体工商户和本规定以外的行业，参照本规定进行划型"。《政府采购促进中小企业发展管理办法》（财库〔2020〕46号）第二条规定，"符合中小企业划分标准的个体工商户，在政府采购活动中视同中小企业"。因此，个体工商户能够享受中小企业扶持政策。

46 两公司股东为同一人，可以参与同一合同项下的投标吗？

　　某学院货物采购项目公开招标，甲、乙、丙三家公司参加投标，评标结果公示，中标候选人为甲公司。在公示期间，丙公司向该学院质疑，认为甲、乙两家公司的股东为同一人，涉嫌串通投标。

　　该学院进行了调查，王某在甲公司担任董事长、出资比例为60%；同时，王某某又是乙公司股东，出资比例为15%，乙公司由刘某某担任董事长。两公司为有限责任公司，均为自然人投资，彼此没有直接控股关系，也没有证据表明两公司之间存在管理和被管理关系。因此，并不存在《政府采购法实施条例》第十八条第一款"单位负责人为同一人或者存在直接控股、管理关系的不同供应商"的情形，两公司可以参加同一合同项下的政府采购活动。该学院驳回了丙公司的质疑。丙公司不服，又向财政部门投诉。财政部门经过查证，认为该学院调查情况属实，可以采信；同时，组织专家进行评审，未发现甲乙两家公司之间存在串通投标情形。财政部门以丙公司投诉事项缺乏事实及法律依据为由，驳回其投诉。

47 参加项目设计的供应商，还可以参加该项目监理、检测服务吗？

《政府采购法实施条例》第十八条第二款规定，"除单一来源采购项目外，为采购项目提供整体设计、规范编制或者项目管理、监理、检测等服务的供应商，不得再参加该采购项目的其他采购活动"。怎么理解这个条款的内涵呢？2015年9月，财政部办公厅《关于〈中华人民共和国政府采购法实施条例〉第十八条第二款法律适用的函》明确："其他采购活动是指为采购项目提供整体设计、规范编制和项目管理、监理、检测等服务之外的采购活动。"因此，根据这一函复，同一供应商可以同时承担项目的整体设计、规范编制和项目管理、监理、检测等服务。

传统建设工程运作模式是将建设项目中的设计、项目管理、造价，监理、检测等服务分隔开来，各单位分别负责不同环节和不同专业的工作，这不仅增加了工程成本，也分割了建设工程的内在联系。2017年，住房和城乡建设部发布了《关于开展全过程工程咨询试点工作的通知》，正式拉开了工程全过程咨询服务的序幕。全过程咨询服务主要是指咨询人在建设项目投资决策阶段、工程建设准备阶段、工程建设阶段、项目运营维护阶段，为委托人提供多种方式组合专业咨询服务，涉及建设工程全生命周期内的策划咨询、前期可研、工程设计、招标代理、造价咨询、工程监理、竣工验收及运营保修等方面。国务院办公厅《关于促进建筑业持续健康发展的意见》（国办发〔2017〕19号）指出，"培育全过程工程咨询，鼓励投资咨询、勘察、设计、监理、招标代理、造价等企业采取联合经营、并购重组等方式开展全过程工程咨询，培育一批具有国际水平的全过程工程咨询企业。"因此，企业及供应商在同一个项目中承担多项咨询专业服务完全符合法律规定，是值得大力提倡的，这也为建设工程咨询服务业的发展指明了方向。

企业受业主委托，全面承担工程项目的设计、采购、施工、试运行服务总承包，这是建设工程的 EPC 模式。政府采购工程能否采用 EPC 模式呢？如果政府采购工程依法实行招标的，则适用《招标投标法》的规定，就可以实行 EPC 模式；如果政府采购工程依法不进行招标的，则适用《政府采购法》的规定，根据"除单一来源采购项目外，为采购项目提供整体设计、规范编制或者项目管理、监理、检测等服务的供应商，不得再参加该采购项目的其他采购活动"的规定，则不能采用 EPC 模式。

48 非单一采购项目，有两家供应商提供的核心产品品牌一样怎么办？

某院校拟采用公开招标方式一次性采购 120 万元的计算机、90 万元的家具、50 万元的电视机，并将采购计划报给财政部门审批，财政部门指出，非单一采购项目，需要指定核心产品。这样，该院校根据财政部门的意见，在编制的采购文件中指定计算机为核心产品。之后，该院校在政府采购平台发布了招标公告，有三家供应商参加投标，但有两家供应商投标的计算机品牌相同，这应该怎么办呢？

政府采购项目如涉及多个产品的，应当明确核心产品，以核心产品的品牌相同与否来判定投标人的数量。那么，何为核心产品？核心产品是指在非单一采购项目中起着主要作用的产品，要依据项目的技术构成、产品价格比重合理确定核心产品。在采购实践中，非单一产品采购项目通常设置一个核心产品，如果一个招标项目设置多个核心产品，投标人数量确定比较复杂，不利于政府采购活动的进行。如确有必要设置多个核心产品的，要划分不同的采购包，让多个核心产品分布在不同的采购包中，一个采购包只包含一个核心产品。

多年以来，在产品生产、销售中已形成了相对固定的模式，即制造商加代理商的模式。在货物采购项目中，极易出现两家及两家以上供应商提供相同产品品牌或相同核心产品品牌投标。货物招标存在着两方面的竞争，一方面是投标产品的竞争，主要表现为制造厂家的实力及产品的技术水平和性能指标；另一方面是投标价格和服务的竞争，主要表现为供应商给出有竞争性的价格和服务方案(包括交货计划、安装调试、培训、售后服务等)。如果限制一个制造厂家的产品只能由一个供应商来投标,实际上就排除了同一制造厂家不同供应商之间投标价格和服务的竞争,而只剩下制造厂家之间的产品竞争了,这不符合政府采购鼓励竞争的原则。

本案例中,有三家供应商参加投标,但有两家供应商的核心产品计算机产品品牌相同,供应商数量怎么计算呢?《政府采购货物和服务招标投标管理办法》(财政部令第 87 号)第三十一条规定,采用最低评标价法的采购项目,提供相同品牌产品的不同投标人参加同一合同项下投标的,以其中通过资格审查、符合性审查且报价最低的参加评标;报价相同的,由采购人或者采购人委托评标委员会按照招标文件规定的方式确定一个参加评标的投标人,招标文件未规定的,采取随机抽取方式确定,其他投标无效。使用综合评分法的采购项目,提供相同品牌产品且通过资格审查、符合性审查的不同投标人参加同一合同项下投标的,按一家投标人计算,评审后得分最高的同品牌投标人获得中标人推荐资格;评审得分相同的,由采购人或者采购人委托评标委员会按照招标文件规定的方式确定一个投标人获得中标人推荐资格。招标文件未规定的,采取随机抽取方式确定,其他同品牌投标人不作为中标候选人。

因此,在此次采购活动中,提供核心产品计算机品牌相同的两家供应商,只能按一家供应商计算,这样,三家供应商只能算作两家供应商,供应商数量达不到三家的基本要求,这次公开招标失败。

小企业投标时，是否应提供包含"四表一注"的财务报告？

一个政府采购货物项目采用公开招标方式，其中招标文件中的一个资格条件：要求供应商提供 2022 年财务报告，财务报表包括"四表一注"，即资产负债表、利润表、现金流量表、所有者权益表、附注。一家小企业参加这个项目的投标，这家企业提供了财务报告，但财务报表只提供了"三表一注"，即资产负债表、利润表、现金流量表、附注。评标委员会认为这家企业的投标文件不符合招标文件的资格要求，判定投标无效。

中标结果公示后，这家企业知道了投标无效的缘由，便向采购人质疑，采购人答复其投标文件不符合招标文件的资格要求。这家企业对此答复不满意，又向财政部门投诉：根据 2011 年 10 月财政部《小企业会计准则》第七十九条的规定，"财务报表是指小企业财务状况、经营成果和现金流量的结构性表述，小企业的财务报表至少应当包括资产负债表、利润表、现金流量表、附注"。因此，企业提供的财务报告符合《小企业会计准则》规定，不应被判定为投标无效。

财政部门认为，《政府采购法》第二十二条规定，供应商参加政府采购活动，应具有良好的商业信誉和健全的财务会计制度。《政府采购法实施条例》第十七条对此条款解释为：参加政府采购活动的供应商，须提供"财务状况报告"材料，"财务状况报告"是指反映企业财务状况及经营成果的书面报告文件，由资产负债表、利润表、现金流量表、所有者权益变动表（新的会计准则要求在年报中披露）、附表及会计报表附注和财务情况说明书组成。根据此项规定，采购人在招标文件中要求供应商提供包含"四表一注"的财务报告，符合政府采购的法律规定。争议的焦点是投标人的财务报告"三表一注"的法律适用问题。《小企业会计准则》规范的是小企业的内部会计核算，与政府采购活动无关，政府采购活动属企业的外部行为，它所遵循和规范的是以《政府采购法》为核心的一系列采购行为。另外，《政府采购法》属法律，其效力高于部门规章《小企业会计准则》。

因此，财政部门认为本案应以《政府采购法》及其实施条例为依据进行评判。财政部门以缺乏事实依据、不符合法律有关规定为由，驳回了该企业的投诉。

50 投标采取怎样的措施效果才好？

投标工作做得如何，关系到企业的生存。投标是一项综合性的工作，涉及的方方面面因素比较多，一个环节不注意，就会前功尽弃。投标人需要采取哪些措施，才能取得比较好的投标效果呢？

一、把信息搞准

要把政府部门指定的媒体、网上发布的招标项目信息搞准确、摸清楚，这是最基本的要求。有些项目需要在项目立项、项目建议书和初步设计阶段就进行跟踪，以便及时掌握项目的进展情况。

二、加强与招标人的联系

投标人与招标人平时要多加强沟通，多加强联系，免得有事时临时抱佛脚。如果你原来跟招标人做过项目，或者正在做一些项目，项目做的信誉比较好。这些都是你与招标人联系沟通的良好基础。

三、投标要有策略

投标人要建立一个有丰富经验的专业团队运作投标事宜，要通过调查研究和市场分析来了解竞争对手的情况，制定出有效的投标策略。投标人可以与合作伙伴建立联合体，共同承担风险和责任。

四、标书做得专业，无瑕疵

编标人员要根据本单位的资源和优势，结合项目的需求，清晰地表达自身的专业能力和水平，提供有竞争力的解决方案，强化自己与竞争对手的差异化优势。标书要全面满足和响应招标文件要求，做到专业过硬，无瑕疵。投标文件做完之后，要对照招标文件认真仔细地检查，使标书达到较高的水准。但是，投标文件只要求编标人检查是远远不够的，因为一份标书少则几千上万字，多则几十万字，做标书就那几天时间，错误和瑕疵在所难免。有的错误可以检查出来，有的错误难以检查出来，毕竟自己犯的错自己是很难发现的。因为一个人总有这样的心理，自己做的事，怎么看都比较顺眼比较满意。再加上编标人对招标文件理解的不同，有些错误的东西，他认为是对的，这就更无法自己改正了。把一个少则几十万、几百万，多则几个亿的项目，交给一个编标人来负责，而没有任何制衡和约束机制，这样做出来的标书质量，作为投标单位的主要负责人，你能够放心吗？评标专家只要发现标书上的一个错误，不去仔细分辨属重大偏差还是细微偏差，往往就会直接否决其投标，你前期工作做得再好再到位，也会前功尽弃。再说，一个编标人能够跟你投标单位负多大的责任？要改变这种状况，只有对标书制作过程进行有效的制衡，才能做出专业无瑕疵的标书来。这种制衡机制就是标书制作要设立专门的审查制度，要有专门专业的人对标书进行认真仔细的审查，审查通过后，标书才能投出去。这样，就能最大限度地减少标书的错误，投标的成功率才会更高。做一份标书，就像出版一本书。为什么一本书必须经过出版社责任编辑和"三校一读制度"层层审查通过后才能出版，因为，只有建立了图书出版的审查机制，才能保证所出书的质量和品质。做标书也是一样的道理。

五、标后评估

评标结果公示后，要对评标情况进行认真的总结和分析。中了标，在击掌相庆的同时，还要分析投标过程中的不完备之处；未中标，更要总结，为什么没有中标，与第一名有哪些差距，是什么原因未中标，找出问题所在，避免下次再犯同样的错误。如果评标结果名次靠前，得了第二名，那要查一查第一名是否有什么问题，比如它的法人、法人代表、项目主要负责人的信誉、业绩是否有问题，各种证明材料是否真实有效，等等，这些在招标投标交易平台和一些公共网站上大多会查得到。如果有问题，就要在规定的时间内向招标人提出异议或质疑，向行政监督部门提出投诉，以维护自己的合法权益。

51 什么样的投标文件会受到评标专家的称赞？

投标文件编写是投标过程中一项非常重要的工作，投标文件编写的好坏，直接决定投标的成败。投标文件要全面响应招标文件的要求，要有专业性、针对性、完整性，没有差错、疏漏之处，排版要工整、美观。评标专家看后觉得专业过硬，有质量、有水平，能让人有眼前一亮的感觉。那究竟怎样才能编写好标书呢？

一、要把招标文件的内容吃透

招标文件是编制标书唯一重要的依据，编标人员要认真仔细地领会，把它原原本本地搞清楚、弄透彻。招标文件好比是考题，投标就是答题，投标人只有审好考题、理解考题，才可能做出出色的答案。要抓住招标文件的主要内容和要求去理解，把每个问题都要搞清楚，不能有含糊不清的地方，这样，编写标书才能有的放矢、心中有数。有些编标人员对招标文件只是囫囵吞枣地去看，没有完全理解招标文件的内容，就急急忙忙去编标书，这哪有不出问题的呢？一般来讲，招标文件的重点内容主要有招标公告、投标人须知前附表、投标人须知、评标办法、图纸、工程量清单及投标人格式等。

二、商务文件的编写

商务文件要全面响应和符合招标文件要求，不能有偏离、缺漏、错误，否则，一个地方不慎，投标就会被否决。商务文件主要包括投标函、法定代表人身份证明、委托授权书、联合体协议、投标保证金、投标人基本情况、业绩、信誉情况、项目负责人及其他主要人员的情况、其他材料等。这些内容大多要附相关证明材料，所附证明材料要满足招标文件要求，不能有瑕疵。比如信誉情况，招标文件规定需要附相关网站网页截图复印件的，投标文件就要按要求按顺序附相关网站网页截图复印件，不能缺项、遗漏；需要承诺的，就要按要求进行承诺，不能把承诺的意思搞错搞反了。再比如企业业绩，要把满足招标文件要求的类似业绩放进去，把最亮眼的业绩放在标书业绩栏靠前的位置。招标文件需要 3 个业绩的，标书上放 3 至 4 个满足招标文件要求的类似业绩就可以了，如果不放心，最多放 5 个类似业绩就足够了。但有些编标人以为放得越多越好，有的放十多个业绩，甚至把不符合招标文件要求的业绩也放上去，这样既影响编标效率，又浪费评标时间，评标专家也比较反感。标书上有些需要强调的重点部分及指标要进行标记，以便能清晰可见。比如，一个招标项目施工业绩资格要求：近 5 年以交工验收日期为准，10km 及以上的一级公路施工业绩。一般来讲，施工业绩的证明材料都较多，评审专家看起来比较费劲，但如果在标书上将类似业绩证明材料上的交工日期，公路里程、公路等级等关键地方画上红杠或红框，这样，评审专家就能一目了然、清晰地看到重点部分，这样的标书会让人顿生好感。

三、技术文件的编写

技术文件要根据招标文件要求和项目实际需要去编写，技术文件编写的关键是要有响应性、针对性和全面性。

(一)响应性

技术文件的内容要全面响应招标文件要求，招标文件对项目管理有分项要求的，技术文件都要涉及，不能有缺项漏项。如一个房屋建筑工程项目招标，招标文件对项目管理的分项具体要求如下：项目概况及需求分析、项目组织机构、资源配备计划、主要施工方法及技术措施、施工进度计划与保证措施、质量管理体系与保证措施、安全管理体系及保证措施、环境保护措施、冬雨季施工措施、新技术及绿色节能建材的应用、服务承诺及服务方案，等等。对于这些要求，编标人在编制技术文件时，都要一一对应地去编写，如果有一个分项或几个分项未涉及，评标专家就会按照招标文件规定的分项分值扣分，即便招标文件未规定具体分项的分值，评标专家也会认为技术文件未响应招标文件要求，评分也会打得较低。

(二)针对性

针对性就是要深刻理解和把握招标项目的特点和具体要求，编写出可实施的专业性措施及解决方案。技术文件切不可人云亦云，把空洞无物、泛泛而谈的东西放进去；不能不看项目的具体特点和需求，照着既有模板去复制去粘贴；更不能把一些似是而非、看似专业的东西写进去。如一个高速公路隧道养护招标项目，编标人在编写技术文件时，重点去写隧道的新奥法施工，把隧道的开挖、支护、出渣、衬砌等内容及程序，写得很专业很到位，那就离题万里，大错特错了。因为这是隧道新建的内容，而不是隧道养护和维修的内容。

(三)全面性

技术文件的编写要全面，各方面内容既要有所侧重，又要大体均衡。比如，一个高速公路新建施工监理项目招标，技术文件里的监理大纲是最重要的，这部分内容要写得详细，多用一些篇幅，但监理工作重点与难点分析、对工程的建议等内容也很重要，跟监理大纲相比，侧重点不一样，内容可以简单一些。如果不写，或写得很少，就不符合招标文件的要求，评分就不会高。再比如一个县的农村公路危桥拆除改造及维修加固的施工，涉及危桥改造桥梁52座的招标项目。技术文件如果只写危桥拆除及维修加固的施工方案和技术措施，那就不全面不完整。因为危桥拆除后，还必须新建桥梁，新建桥梁的施工方案和技术措施，与桥梁维修加固的施工方案和技术措施是截然不同的。

四、报价文件的编写

工程施工项目招标，投标人的报价依据工程量清单、工程计价有关规定、企业定额和市场价格信息等编制。投标人必须按照招标工程量清单填报价格，暂列金额、暂估价等要按招标文件要求填写，确保不出差错。

工程勘察设计和监理招标项目的报价文件内容一般包括报价投标函、报价汇总表和分项报价表。报价投标函要按照招标文件的要求去填写，大小写金额要准确一致。报价汇总表的总价与分项报价相加，要确保一致，分项报价表要计算正确，不能缺表缺项。

五、其他方面的编写要求

(一)标书内容及篇幅把控要得当

投标文件各部分的内容及篇幅要均衡、协调，不能比例失调。比如商务文件的证照、企业业绩及个人业绩，荣誉等放得很多，编得很厚，但是重要的技术文件很单薄，只有十多页，甚至几页。有时一个章节编得很多，另一个章节编得很少，看起来就不协调。一起参与竞争的投标人的标书都在500页以上，而你的标书连100页都不到，评审专家对比看下篇幅，初始印象就会有变化。因此，投标文件篇幅的把控必须引起足够的重视。

(二)目录要层次分明

目录是标书的重要组成部分，它能够帮助评审专家快速了解标书的内容和结构，提高阅读效率，查找所需信息。目录应该包括各章节、条款、附件等内容的序号和名称。目录可以编总目录，也可以编商务、技术和报价文件的分目录，这要根据标书编写的需要而定。比如技术文件一般来讲篇幅都比较长，评标专家逐字逐句地去看，既不可能，也不现实。评标专家看技术文件大多首先去看目录，通过目录评估编标思路、逻辑结构，是否覆盖了招标文件要求的评分点。因此，目录是否层次分明、条理清晰，这是评审专家对技术文件的第一印象。要做好目录，就要根据项目的特点和要求，大概需要多少篇幅，再根据篇幅的多少，确定目录的层级结构。如果技术文件正文采用 3 级结构，那么文件目录就是 3 级。例如，正文序号 5.6.3，即第 5 章第 6 节第 3 小节，就是 3 级目录结构。4 级目录、5 级目录，也依次类推。如果是简单的工程项目，则目录设定 1~2 级结构；如果是一般的工程项目，则目录设定 2~3 级结构；如果是复杂的工程项目，则目录设定 3~4 级结构。目录一般不要超过 4 级，如果达到 5 级，则太详尽，目录占的篇幅过多过长，重点把握就会不到位。目录设置要采取操作系统自带的内置层级结构模式，减少人工操作。

(三)标题要言简意赅

标题是对正文内容的高度概括，既要言简意赅，又要清晰明了。在编写技术文件时，篇幅越长，标题就会越多，由于评标的时间限制，评审专家不可能一页一页地去看标书，大多通过标题了解标书的大概内容。因此，标题内容的拟写就显得非常重要了。

(四)图文要并茂

图片展示具有直观形象的特点，要使用适当的插图、照片和图表来支持和解释信息，确保投标文件具有清晰度和可读性。商务文件的营业执照、资质证书、信誉截图等重要内容，要一页 A4 纸放一张图片。如果图片较多，可以将同属一类的两张甚至三张图片放在一页展示，如将一个人的身份证、职称证书、执业资格证书三张图片放在一起，便于评标专家识别。图片放好后一定要配文字说明，文字要与描述的内容一致。

(五)亮点要醒目展示

编写标书时，一定要将自己的优势和亮点集中醒目展示。比如需要业绩较多，可以制作一个业绩汇总表，放在类似业绩项目前比较醒目的地方展示。如果有与其他投标人不一样而且独特的证照、荣誉等，有与众不同的技术解决方案，设备上有特殊的功能等，标书里可以以图片、列表、字体加大加粗等形式展现。亮点不只是放在一个地方展示，可以根据需要多放几个地方。

(六) 排版要美观

排版要均匀对称美观。要设置合适的页面边距和行距，上下左右对称均衡，文字排布整齐。要使用易于阅读及美观的字体，确保字体大小适中。要使用一样的字体颜色，确保正文的一致性。要用标题和段落标记划分文档结构，标题要加粗加黑，以显得醒目。

52 投标报价怎么编制？

投标报价是指在工程招标发包过程中，由投标人或受其委托具有相应资质的工程造价咨询人按照招标文件的要求以及有关计价规定，依据发包人提供的工程量清单、施工设计图纸，结合工程项目特点、施工现场情况及企业自身的施工技术、装备和管理水平等，自主确定的工程造价。

报价是投标的关键性工作，报价是否合理直接关系到投标的成败。投标人必须按照招标工程量清单填报价格，填写的项目编码、项目名称、项目特征、计量单位、工程量必须与招标工程量清单一致。投标报价要以招标文件中规定的承发包双方责任划分，作为设定投标报价费用项目和费用计算的基础。承发包双方责任划分的不同，会导致合同风险分摊不同，从而导致投标人报价不同。不同的工程承发包模式会直接影响工程项目投标报价的费用内容和计算深度。企业定额反映了企业的技术和管理水平，是计算人工、材料、机械台班消耗量的基本依据。因此，投标报价应以企业定额、施工方案、技术措施为基本条件，并充分利用现场考察、市场价格信息等资料编制投标报价。投标人的投标报价不得低于工程成本。

在编制标书前，需要先对清单工程量进行复核。因为清单工程量中的各分部分项工程量并不一定十分准确，若设计深度不够则可能有较大误差，而工程量的多少则是选择施工方法、安排人力和机械、准备材料所必须考虑的因素，自然也影响分部分项工程的单价。因此，一定要对工程量进行复核。

一、分部分项工程费

计算分部分项工程费最为重要的是确定分部分项工程综合单价。综合单价是指完成一个规定清单项目所需的人工费、材料费、施工机具使用费、管理费、利润及一定范围的风险费之和。综合单价的计算通常采用定额组价的方法，即以计价定额为基础进行组合计算。由于"计价规范"与"定额"中的工程量计算规则、计量单位、工程内容不尽相同，综合单价的计算不是简单地将其所含的各项费用进行汇总，而是要通过具体计算后综合而成。综合单价计算步骤如下：

(一) 确定组合定额子目

清单项目一般以一个"综合实体"考虑，包括了较多的工程内容，计价时，可能出现一个清单项目对应多个定额子目的情况。因此，计算综合单价的第一步就是将清单项目的工程内容与定额项目的工程内容进行比较，结合清单项目的特征描述，确定拟组价清单项目应由哪几个定额子目来组合。比如"预制预应力 C20 混凝土空心板"项目，计量规范规定此项目包括制作、运输、吊装及接头灌缝，若定额分别列有制作、运输、吊装及接头灌缝，则应用这 4 个定额子目来组合综合单价；又如，"M5 水泥砂浆砌砖基础"项目，按计量规范包括主项"砖基础"子目和附项"混凝土基础垫层"子目。

(二) 计算定额子目工程量

由于一个清单项目可能对应几个定额子目，而清单工程量计算的是主项工程量，与各定额子目的工程量可能并不一致。即使一个清单项目对应一个定额子目，也可能由于清单工程量计算规则与所采用的定额工程量计算规则之间的差异，导致二者的计价单位和计算出来的工程量不一致。因此，清单工程量不能直接用于计价，在计价时必须考虑施工方案等各种影响因素，根据所采用的计价定额及相应的工程量计算规则重新计算各定额子目的施工工程量。定额子目工程量的具体计算方法，应严格按照与所采用的定额相对应的工程量计算规则进行计算。

(三)测算人、料、机消耗量

编制投标报价时一般采用反映企业水平的企业定额；投标单位没有企业定额时，可以参照消耗量定额进行调整。

(四)确定人、料、机单价

人工单价、材料价格和施工机械台班单价，应根据工程项目的具体情况及市场资源的供求状况进行确定，采用市场价格作为参考，并考虑一定的调价系数。

(五)计算清单项目的人、料、机等总费用

按确定的分项工程人工、材料、机械的消耗量及询价获得的人工单价、材料单价、施工机械台班价格，与相应的计价工程量相乘得到各定额子目的人、料、机总费用，将各定额子目的人、料、机总费用汇总后算出清单项目的人、料、机总费用。

$$人、料、机总费用 = \sum 计价工程量 \times (\sum 人工消耗量 \times 人工单价 + \sum 材料消耗量 \times 材料单价 + \sum 台班消耗量 \times 台班单价)$$

(六)计算清单项目的企业管理费和利润

企业管理费和利润通常根据各地区规定的费率乘以规定的计价基数得出。

$$企业管理费 = 人、料、机总费用 \times 管理费率$$
$$利润 = (人、料、机总费用 + 管理费) \times 利润率$$

(七)计算清单项目的综合单价

将清单项目的人、料、机总费用、管理费及利润汇总得到该清单项目

合价，将该清单项目合价除以清单项目的工程量即可得到该清单项目的综合单价。

分部分项综合单价＝（人、料、机总费用+管理费+利润）/清单工程量

因此，分部分项工程费 = $\sum$（分部分项工程量 × 分部分项综合单价）。

二、措施项目费

措施项目费是指为完成工程项目施工，而用于发生在该工程施工准备和施工过程中的技术、生活、安全、环境保护等方面的非实体项目所支出的费用。措施项目清单计价应根据建设工程的施工组织设计进行确定。可以计算工程量的单价措施项目，应按分部分项工程量清单的方式采用综合单价计价；其余的不能算出工程量的措施项目，则采用总价项目的方式，以"项"为单位的方式计价。措施项目清单中的安全文明施工费应当按照国家或省级、行业建设主管部门的规定计价，不得作为竞争费用。

三、其他项目费

（一）暂列金额

暂列金额应按招标工程量清单中列出的金额填写，不得变动。

（二）暂估价

暂估价不得变动和更改，暂估价中的材料、工程设备必须按照暂估单价计入综合单价，专业工程暂估价必须按照招标工程量清单中列出的金额填写。

（三）计日工

计日工应按照招标工程量清单列出的项目和估算数量，自主确定各项

综合单价并计算费用。

(四)总承包服务费

总承包服务费应根据招标工程量清单列出的专业工程暂估价内容和供应材料、设备情况，按照招标人提出的协调、配合与服务要求和施工现场管理需要自主确定。

四、规费和税金

规费和税金必须按国家或省级、行业建设主管部门规定的标准计算，不得作为竞争性费用。

五、投标总价

投标人的投标总价应当与组成招标工程量清单的分部分项工程费、措施项目费、其他项目费、规费和税金的合计金额相一致。即投标人在进行工程项目工程量清单招标的投标报价时，不能进行投标总价优惠(或降价、让利)，投标人对投标报价的任何优惠(或降价、让利)，均反映在相应清单项目的综合单价上。

工程量清单与设计图纸不符怎么办?

　　招标人提供的工程量清单与设计图纸不符，要根据项目合同的类型及工程不同阶段来考虑。采用固定单价合同时，在招标投标阶段，工程量清单与设计图纸不符，要按照工程量清单执行，不得随意更改；如果工程量偏差过大，或者工程量清单有错误、缺项，投标人应以书面形式或在投标答疑会上质疑，由招标人澄清、修改；招标人不同意修改的，投标人应以工程量清单为准，确定投标报价的综合单价。在采用固定总价合同，即总价包干时，在招标投标阶段，如果某项工程量偏差过大，要质疑，请招标人澄清、修改；招标人不同意修改的，则差价考虑在综合单价中。

　　在合同实施阶段，从建设工程施工合同组成的解释顺序来看，设计图纸的解释顺序优先于工程量清单，这就要按照设计图纸施工(除非图纸进行设计变更)，工程结算时按竣工图纸结算。

54 项目特征描述与设计图纸不符怎么办？

　　项目特征是构成工程量清单项目价值的本质特征，综合单价的高低与其具有必然联系。因此，招标人在招标工程量清单中对项目特征的描述应被认为是准确、完整的，并且与实际施工要求相符合，否则，投标人无法报价。在招标投标过程中，当出现招标工程量清单特征描述与设计图纸不符时，投标人可以书面形式或在投标答疑会上要求招标人澄清、修改；招标人不同意修改的，投标人应以招标工程量清单项目特征描述为准，确定投标报价的综合单价。

　　在合同实施阶段，出现招标工程量清单项目特征描述与设计图纸(含设计变更)不符，且该变化引起该项工程造价增减变化的，发承包双方应按照实际施工的项目特征，依据规范中工程变更相关条款的规定重新确定相应工程量清单项目的综合单价，或者按合同约定，调整合同价款。

55 投标报价是否低于成本报价如何进行判断?

　　某大学专业设备项目采用公开招标的方式招标,有 6 家投标单位参加投标,都通过了资格和符合性审查,招标控制价 230 万元,投标价的算术平均价为 190 万元,最低报价为 130 万元,评标采用最低评标价法,报价 130 万元的投标单位即为中标候选人。采购代理机构认为报价 130 万元的投标人的报价低于招标控制价 40%以上,是低于成本报价,建议评标委员会做无效投标处理。那么,在工程招标投标和政府采购活动中,对投标报价是否低于成本如何进行判断?

　　《招标投标法实施条例》第五十一条规定,投标报价低于成本,评标委员会应当否决其投标。在招标投标和政府采购活动中,投标报价不能低于成本报价,但是也不允许设置最低限价,如果按照成本设置投标人报价下限,则涉嫌变相设置最低限价。所以,不能因为投标人报价低于可能的成本而判定投标人恶意低价。关于报价是否低于成本的问题,一直存在争议,但只要报价不超出最高投标限价,自由报价是投标人的权利。投标人有选择盈利的自由,但是在需要进入某个市场或者需要获得某项业绩时,投标人也有选择亏损的权利。放开价格的充分竞争是市场经济的基础。因此,遇到此类问题,评标委员会应按有关法律法规的规定进行处理。依据《政府采购货物和服务招标投标管理办法》(财政部令第 87 号)第六十条规定,"评标委员会认为投标人的报价明显低于其他通过符合性审查投标人的报价,有可能影响产品质量或者不能诚信履约的,应当要求其在评标现场合理的时间内提供书面说明，必要时提交相关证明材料；投标人不能证明其报价合理性的，评标委员会应当将其作为无效投标处理"。

此案例中，采购代理机构不能因为投标人报价的高低跟评标委员会提建议，或者代替评标委员会做结论。招标投标和政府采购活动并不支持限制价格竞争，判断投标人是否是低于成本报价，应按照法定的程序进行。

56 政府采购工程采用竞争性谈判或竞争性磋商方式，如何提交最后报价？

依法不进行招标的政府采购工程，按照《政府采购法实施条例》第二十五条、《政府采购竞争性磋商采购方式管理暂行办法》(财库〔2014〕214号)第三条规定，由《政府采购法》及其实施条例规范，采用竞争性谈判、单一来源采购或竞争性磋商方式进行采购。采用竞争性谈判、竞争性磋商采购方式的，供应商应按竞争性谈判文件、竞争性磋商文件的规定提交首次响应文件，并包括第一轮报价；谈判或者磋商结束后，供应商应在谈判小组或者磋商小组规定的时间内提交最后报价。

那么问题来了，供应商提交的首次响应文件包括第一轮报价和已标价的工程量清单，但供应商提交的最后报价仅仅是总价，肯定无相对应的标价工程量清单，而工程量清单是计算工程量、支付工程款、调整合同价款、办理竣工结算以及工程索赔的依据。有总价而无相对应的标价工程量清单，这个问题怎么解决？这里有三种方式可以考虑：一是采取将供应商最后报价的总价以百分比折扣方式分摊到首次响应文件的工程量清单项目的综合单价上，但暂估价、暂列金额不能列入分摊范围，在签订合同时将调整的标价工程量清单作为合同附件；二是在评审阶段可以要求供应商提供与最后报价相对应的标价工程量清单，但应考虑供应商编制工程量清单所需的合理时间，采购人可以先暂停竞争性谈判或竞争性磋商的评审工作，待供应商在规定时间内提交已标价工程量清单后，再继续进行采购评审；三是供应商提交最后报价总价后，谈判小组或者磋商小组不中断评审，按规定评审程序先推荐成交供应商候选人，待采购人确定成交供应商后，采购人再要求成交供应商提交与最后报价相对应的已标价工程量清单。

57 投标人的诉讼及仲裁情况是否需要说明？

　　一个房建施工项目公开招标，招标文件要求投标人需在投标文件中提供企业近三年诉讼及仲裁情况说明，附法院和仲裁机构作出的判决、裁决等有关法律文书的复印件。编标人员看到招标文件这个条款，都不知道该怎么编写为好。如果投标人有诉讼案件不填写，害怕招标代理机构在项目评审时进行查询，或中标后被其他投标人异议、投诉；如果将诉讼案件如实填写，害怕对中标有影响。

　　作为依法治国的社会，一些企业有较多诉讼案件很正常，诉讼败诉也很正常，诉讼败诉并不意味着企业存在违法情形，诉讼败诉履行了法院判决，对信用并不会产生影响。对于诉讼案件，投标人该不该如实写进标书里？如果近三年企业所涉的诉讼案件及仲裁较多，是不是都要填写呢？一般来说，投标人按招标文件要求将企业的诉讼案件和仲裁情况如实填写，不会影响评审。因为投标人的诉讼情况不属于资格和符合性审查的内容，不会被判定为投标无效。如有诉讼案件但未填写，会涉嫌提供投标材料不真实、虚假应标的问题。至于代理机构在评标现场是否会在相关网站上查询企业的诉讼案件，这在招标文件中一般都会有说明。但是，招标项目需要进行资格预审的，而资格预审实行有限数量制的，有诉讼特别是有败诉的判决案件，资格预审申请人的排名会相对靠后，对申请人能否通过资格预审会有较大影响。因此，编标人员在填写投标单位的诉讼及仲裁情况时，较好的办法是编写有利于投标人的一两个诉讼案件即可。

58 | 政府采购活动中如何界定"重大违法记录"?

2023 年 1 月，一个供应商在一所大学的货物项目公开招标中，因提供虚假材料谋取中标的行为，被省财政厅处以行政罚款 30 万元。2023 年 6 月，该供应商参加一个医院的设备项目竞争性磋商采购，成为成交供应商候选人。在公示期内，另一个供应商向采购人质疑，说该供应商在 2023 年 1 月一所大学的货物项目招标中被省财政厅处以行政处罚 30 万元，违反《政府采购法》第二十二条"参加政府采购活动前三年内，在经营活动中没有重大违法记录"的规定，成交候选人的资格应予取消。

省财政厅对该供应商的行政处罚是否属于"重大违法记录"？《政府采购法实施条例》第十九条第一款对"重大违法记录"进行了解释说明，"重大违法记录"是指供应商因违法经营受到刑事处罚或者责令停产停业、吊销许可证或者执照、较大数额罚款等行政处罚。该供应商的行为未受到刑事处罚或者责令停产停业、吊销许可证或者执照，但省财政厅处以行政罚款 30 万元是否属于"较大数额罚款"呢？财政部关于《〈政府采购法实施条例〉第十九条第一款"较大数额罚款"具体适用问题的意见》（财库〔2022〕3 号）规定，"较大数额罚款"认定为 200 万元以上的罚款。根据这一意见，省财政厅对该供应商处以行政罚款 30 万元，不属于"较大数额罚款"。因此，该供应商于 2023 年 6 月参加医院的设备采购活动，成交供应商候选人的资格有效，不应被取消。

59 | 对投标（响应）文件格式改动如何进行处理？

为了方便投标人（供应商）制作标书，招标人（采购人）在编制招标文件（采购文件）时，通常会在招标文件（采购文件）最后一章把投标人（供应商）必须提供的商务、技术和报价部分以投标（响应）文件格式的形式列出，投标人（供应商）按照招标人（采购人）给定的投标（响应）文件格式编制投标（响应）文件。如果招标文件（采购文件）中的投标（响应）文件格式确有问题，投标人（供应商）应向招标人（采购人）提出澄清。招标人（采购人）不同意修改的，投标人（供应商）应按投标（响应）文件格式编制投标（响应）文件。

如果投标人（供应商）对投标（响应）文件格式进行改动，评标委员会应如何进行处理？一般来讲，对招标文件（采购文件）中的投标（响应）文件格式进行改动，以招标文件（采购文件）的约定为准。如果没有约定，对于投标（响应）文件格式改动涉及实质性条款的，应判定为投标无效；对于涉及形式性条款改动的，评标委员会应慎重作出判断和处理。根据《关于促进政府采购公平竞争优化营商环境的通知》（财库〔2019〕38号）的规定，"采购人、采购代理机构对投标（响应）文件的格式、形式要求应当简化明确，不得因装订、纸张、文件排序等非实质性的格式、形式问题限制和影响供应商投标（响应）"。因此，对于投标（响应）文件格式改动不影响投标实质性内容的，应酌情处理，不应判定为投标无效。

60 | 如何做好投标文件的签字盖章？

招标文件要求签字、盖章的地方，投标文件一定要签字、盖章，否则，投标文件不能通过符合性审查。《招标投标法实施条例》第五十一条规定，投标文件未经投标单位盖章和单位负责人签字，评标委员会应当否决其投标。《政府采购货物和服务招标投标管理办法》（财政部令第 87 号）第六十三条规定，投标文件未按招标文件要求签署、盖章的，投标无效。因此，投标文件的签字和盖章必须认真负责，不能有丝毫马虎。

（1）招标文件要求盖单位公章的，投标文件要盖单位公章；需要法定代表人或委托代理人签字、盖章的，法定代表人或委托代理人要签字、盖章；需要法定代表人签字、盖章的，委托代理人签字、盖章无效。注明签章的地方，就既要签字又要盖章。

（2）招标文件规定以正本为主，那么正本必须逐页盖章，副本则可以用正本复印件。对于电子投标文件，投标文件应逐页盖电子公章，除非电子投标文件格式不支持盖章。需要投标人对投标文件进行澄清的，澄清文件的法定代表人或委托代理人应签字、盖章，投标人应盖单位公章。盖章时一般盖在文档的右下方，以符合盖章及视觉习惯。

（3）关于投标文件打包密封之后如何盖章的问题。包装密封的投标文件正面通常会贴上封面，招标文件要求密封袋封面处盖公章、法人章的，投标文件密封袋封面处要盖公章、法人章。包装文件的背面及两端应当贴上封条，封条四角应分别盖章，外层封包在封袋骑缝处也必须盖骑缝章。

61 | **联合体投标需要注意哪些事项？**

联合体投标是指两个以上法人或者其他组织组成一个联合体，以一个投标人的身份共同投标的行为。联合体投标需要注意以下事项：

（1）联合体各方应当具备承担招标项目的相应能力和资格条件，由同一专业的单位组成的联合体，应当按照资质等级较低的单位确定联合体的资质等级；由不同专业组成的联合体，通过共同投标协议约定各方资质范围内承担的相应工作。

（2）联合体各方应当签订共同投标协议，明确约定各方拟承担的工作和责任，并将共同投标协议连同投标文件一并提交招标人。联合体中标的，联合体各方应当共同与招标人签订合同，就中标项目向招标人承担连带责任。

（3）联合体各成员授权牵头人代表联合体参加投标活动，签署文件，提交和接受相关的资料、信息及提示，进行合同谈判活动，负责合同实施阶段的组织和协调工作，以及处理与招标项目有关的一切事宜。联合体各成员要严格按照招标文件、投标文件和合同要求全面履行责任。

（4）联合体各方不得再单独或与其他投标人组成联合体，参与同一项目的投标活动，否则，视为无效投标。

（5）在政府采购活动中，接受大中型企业与小微企业组成联合体或者允许大中型企业向一家或者多家小微企业分包的采购项目，对于联合协议或者分包意向协议约定小微企业的合同份额占到合同总金额30%以上的，采购人、采购代理机构应当对联合体或者大中型企业的报价给予4%~6%（工程项目为1%~2%）的扣除，用扣除后的价格参加评审。

第三部分
开标、评标和定标

62 投标文件密封有瑕疵，怎样进行处理？

一个市政桥梁施工项目公开招标，招标代理机构工作人员在签收一个投标单位的投标文件时，发现投标文件密封袋有 2.6 厘米左右开口，这个投标单位的代表说，是在车上不小心被划破的，里面还有一层完整的包装，不影响投标文件的保密要求，招标代理机构工作人员未拒收。开标时，推选的投标人代表在检查各投标文件密封情况时，发现了这个情况，投标人代表说，该投标文件密封不符合要求。招标代理机构向评标委员会反映这个情况，评标委员会认为，该投标单位投标文件未按照招标文件要求进行密封，不能通过符合性评审，判定为投标无效。

评标结果公示后，该投标单位在公示期内向招标人提出异议，招标人在规定时间内没有答复。该投标单位又向监督管理部门进行投诉，监督管理部门答复：投标文件密封完好的要求应当在合理范围之内，即便密封有轻微瑕疵，也不实质影响投标文件的封闭性，不能机械地追求形式合规，投诉成立，此项目应重新招标。

在招标投标过程中，投标文件的密封检查怎样做才符合法定要求呢？投标人应在投标文件递交的截止时间前将投标文件密封送达指定的地点，招标人或招标代理机构收到投标文件后应当如实记载投标文件的送达时间和密封情况，签收保存并向投标人出具签收回执。未按照招标文件要求密封的投标文件，招标人或招标代理机构应当拒收。开标时，由投标人或者其推选的代表检查投标文件的密封情况，也可以由招标人委托公证机构检查并公证，经确认无误后，由工作人员当众拆封，宣布投标人名称、投标价格和投标文件的其他内容。开标过程应记录，并存档备查。

在开标现场，投标文件有密封问题如何进行处理？应由招标人或招标代理机构根据现场实际情况进行判断，而不能把皮球踢给评标委员会，由评标委员会作决定。

63 投标人的法定代表人是否应当亲自参加开标活动？

现在，一些项目的开标，要求投标人的法定代表人必须亲自到现场参加开标活动，认为这是投标单位对项目的认可和重视。一些地方性的招投标管理办法及细则还规定，投标人的法定代表人或投标项目负责人应当参加开标会，向招标人递交身份证明，否则其投标将被否决。作出类似这样的规定，可能有以下考虑：一是要求投标单位对招标项目高度重视，便于项目实施；二是可以有效避免挂靠、以他人名义投标等违法违规行为的发生。这些规定虽然具有一定的合理性，但这与招标投标和政府采购的法律法规基本原则是不符的。

《招标投标法》第三十五条规定，开标由招标人主持，邀请所有投标人参加。《招标投标法实施释义》对此条款进行了说明：邀请所有的投标人或其代表出席开标，可以使投标人得以了解开标是否依法进行。《政府采购货物和服务招标投标管理办法》（财政部令第 87 号）第四十条规定，开标由采购人或采购代理机构主持，邀请投标人参加。财政部《关于促进政府采购公平竞争优化营商环境的通知》（财库〔2019〕38 号）进一步明确，对于供应商法人代表已经出具委托书的，不得要求供应商法人代表亲自领购采购文件或者到场参加开标、谈判等。《公路工程建设项目招标投标管理办法》第二十一条规定，强制要求潜在投标人或者投标人的法定代表人、企业负责人、技术负责人等特定人员亲自购买资格预审文件、招标文件或者参与开标活动，属于以不合理的条件限制、排斥潜在投标人或者投标人。这些法律法规条款并没有要求投标人必须派法定代表人或投标项目负责人亲自参加开标会，而是要求投标人派代表参加即可。如果项目采用电子招标投标，投标人必须在线参加开标，其主要目的也是投标人解密投标文件的需要。投标人如果选择不参加现场开标活动，则视为认同开标结果。因此，要求投标单位的法定代表人或投标项目负责人必须参加开标活动，不符合相关规定，也没有法律依据。

在一些地区，有的项目非常重要，需要大型企业中标并承担。如果大型企业法定代表人参加开标，可以显示对该项目的认可和重视。但是大型企业法定代表人事务繁多，时间不能完全自我把控，可能导致无法亲自参加开标，而放弃这个不确定性的项目。这样，项目需要大型企业承担的愿望反而会落空。有时候，一个投标单位有几个项目在同一天不同地点开标，如果都要求法定代表人亲自参加，怎么可能呢？

《民法典》第一百六十一条规定，民事主体可以通过代理人实施民事法律行为。招标投标属民事活动，法定代表人完全可以委托代理人参加投标活动，这是法定代表人的权利。要求投标单位派法定代表人或项目负责人参加开标活动，增加了投标单位的负担和项目竞争成本，是对投标人正当权益的侵犯，也背离了营造一个让市场主体满意的营商环境的要求。

64 | 有效投标人不足 3 家，评审是否继续进行？

在招标投标过程中，在开标阶段，投标人少于 3 个的，不得开标，招标人应当重新组织招标。但在评审阶段，有效投标人不足 3 家，评审是否继续进行？《招标投标法》第四十二条规定，评标委员会经评审，认为所有投标都不符合招标文件要求的，可以否决所有投标。国家发展计划委员会等七部委《评标委员会和评标方法暂行规定》第二十七条规定，评标委员会否决不合格投标或者界定为废标后，因有效投标不足 3 个使得投标明显缺乏竞争的，评标委员会可以否决全部投标。这里强调，"有效投标不足 3 个"和"明显缺乏竞争"，二者缺一不可，只有两种情况都存在，评标委员会才可以否决全部投标。

在政府采购活动中，参加投标、响应的供应商数量怎么规定？《政府采购法》第三十六条规定，符合专业条件的供应商或者对招标文件作实质响应的供应商不足 3 家的，应予废标。因此，在政府采购项目招标及评审过程中，有效投标人达不到 3 家的，评标委员会不能继续进行评审。但是，这种情况出现后有没有办法进行补救呢？《政府采购非招标采购方式管理办法》(财政部令第 74 号)第二十七条的规定，公开招标的货物、服务采购项目，招标过程中提交投标文件或者经评审实质性响应招标文件要求的供应商只有 2 家时，采购人、采购代理机构在报经本级财政部门批准后可以与该 2 家供应商进行竞争性谈判采购。

《政府采购竞争性磋商采购方式管理暂行办法》(财库〔2014〕214 号)

第二十一条规定，磋商文件能够详细列明采购标的的技术、服务要求的，磋商结束后，磋商小组应当要求所有实质性响应的供应商在规定时间内提交最后报价，提交最后报价的供应商不得少于3家，但符合"市场竞争不充分的科研项目，以及需要扶持的科技成果转化项目"情形的，提交最后报价的供应商可以为2家。2015年6月，财政部《关于政府采购竞争性磋商采购方式管理暂行办法有关问题的补充通知》(财库〔2015〕124号)中明确，采用竞争性磋商采购的政府购买服务项目(含政府和社会资本合作项目)，在采购过程中符合要求的供应商(社会资本)只有2家的，竞争性磋商采购活动可以继续进行。采购过程中符合要求的供应商(社会资本)只有1家的，采购人(项目实施机构)或者采购代理机构应当终止竞争性磋商采购活动，发布项目终止公告并说明原因，重新开展采购活动。

因此，在招标投标和政府采购活动中，在评审过程中有效投标人不足3家，能否继续开展评审工作，两者处理的规定及方式还是有很大区别和不同的。

65 | 评标委员会如何组成和产生？

在招标投标活动中，评标委员会如何组成和产生？根据《招标投标法》第三十七条的规定，评标由招标人依法组建的评标委员会负责。依法必须进行招标的项目，其评标委员会由招标人的代表和有关技术、经济等方面的专家组成，成员人数为 5 人以上的单数，其中技术、经济等方面的专家不得少于成员总数的 2/3。一般招标项目可以采取随机抽取方式，特殊招标项目可以由招标人直接确定。这里的特殊招标项目，是指技术复杂、专业性强或者国家有特殊要求，采取随机抽取方式确定的专家难以保证胜任评标工作的项目。

在政府采购活动中，以招标方式采购货物和服务的评标委员会如何组成和产生？根据《政府采购货物和服务招标投标管理办法》(财政部令第 87号)第四十七条、第四十八条的规定，评标委员会由采购人代表和评审专家组成，成员人数应当为 5 人以上的单数，其中评审专家不得少于成员总数的 2/3。采购预算金额在 1000 万元以上、技术复杂或社会影响较大的项目，评标委员会成员人数应当为 7 人以上的单数。采购人或者采购代理机构应当从省级以上财政部门设立的政府采购评审专家库中，通过随机方式抽取评审专家。对技术复杂、专业性强的采购项目，通过随机方式难以确定合适评审专家的，经主管预算单位同意，采购人可以自行选定相应专业领域的评审专家。

竞争性谈判小组或询价小组怎么组成和产生？根据《政府采购非招标采

购方式管理办法》(财政部令第 74 号)第七条的规定,竞争性谈判小组或者询价小组由采购人代表和评审专家共 3 人以上的单数组成,其中评审专家人数不得少于竞争性谈判小组或者询价小组成员总数的 2/3。达到公开招标数额标准的货物或者服务采购项目,或者达到招标规模标准的政府采购工程,竞争性谈判小组或者询价小组应当由 5 人以上的单数组成。技术复杂、专业性强的竞争性谈判采购项目,评审专家中应当包含 1 名法律专家。

竞争性磋商小组怎么组成和产生?根据《政府采购竞争性磋商采购方式管理暂行办法》(财库〔2014〕214 号)第十四条的规定,磋商小组由采购人代表和评审专家共 3 人以上的单数组成,其中评审专家人数不得少于磋商小组成员总数的 2/3。采购人代表不得以评审专家身份参加本部门或本单位采购项目的评审,采购代理机构人员不得参加本机构代理的采购项目的评审。技术复杂、专业性强的采购项目,评审专家中应当包含 1 名法律专家。

招标人是否一定要派代表参加评标委员会？

《招标投标法》第三十七条规定，评标由招标人依法组建的评标委员会负责。评标委员会由招标人的代表和有关技术、经济等方面的专家组成。成员人数为 5 人以上的单数，其中，技术、经济等方面的专家不得少于成员总数的 2/3。《政府采购货物和服务招标投标管理办法》（财政部令第 87 号）第四十七条规定，评标委员会由采购人代表和评审专家组成，成员人数应当为 5 人以上的单数，其中评审专家不得少于成员总数的 2/3。

根据法律法规的规定，招标人（采购人）应派代表参加评标委员会，但实际情况是，在强化招标人（采购人）主体责任的背景下，招标人（采购人）代表参加评标的责任较大，造成招标人（采购人）代表经常缺席评标工作。招标人（采购人）代表缺席评标工作，是否违法违规呢？从评标委员会组成结构来看，招标投标和政府采购的法律法规并没有用"严格"语言来规定评标委员会必须由招标人（采购人）代表和评审专家两个方面的人员组成，而规定评审专家"不得少于成员总数的 2/3"，其合理解释应为评审专家占评标委员会成员总数的 2/3 以上乃至"全部"，那么招标人（采购人）代表人数可以是 1/3 以下乃至为"零"。因此，从评标委员会组成表述和人员占比来看，招标人（采购人）不一定必须委派代表参加评审工作。

在招标投标和政府采购活动中，招标人（采购人）应该派代表参加评审工作，这主要有三个因素的考虑：一是落实招标人（采购人）主体责任，招标人（采购人）理应积极作为，代表招标人（采购人）行使项目决策权；二是可以现场解决评审中出现的问题，提高采购效率，对一些技术较复杂或者专业性较强的项目，招标人(采购人)可以在评审前说明项目的需求及应用场景，招标文件有含义不明甚至错误的内容，招标人(采购人)代表可以现场解释并确认；三是可以对评审专家的评审活动和代理机构的工作进行监督，并相互制衡。招标人(采购人)派代表参加评标委员会，对维护其合法权益，保障评标工作顺利进行，有着不可替代的作用。

《政府采购非招标采购方式管理办法》(财政部令第 74 号)第三十二条、《政府采购竞争性磋商采购方式管理暂行办法》(财库〔2014〕214 号)第二十条规定，在竞争性谈判或竞争性磋商过程中，实质性变动的内容，须经采购人代表确认。根据这一规定，竞争性谈判和竞争性磋商项目如果没有采购人代表参加，遇到采购文件及评审活动实质性变动的问题，采购活动继续进行就会受到影响。《政务信息系统政府采购管理暂行办法》(财库〔2017〕210 号)第十条规定，采购人应当指派熟悉情况的工作人员作为采购人代表参加评标委员会或者竞争性磋商小组，参与政务信息系统采购活动的评审。依据这个强制性规定，在对政务信息系统项目进行采购时，采购人委派代表参加评审是采购人的法定义务。

67 什么是清标？

清标是指在评标之前，由招标人组建清标小组审查投标人的投标文件是否完整齐全、总体编排是否有序、文件签署是否合格、是否提交投标保证金、有无计算上的错误等工作。清标的目的是找出投标文件中可能存在疑义或者有显著异常的数据，为接下来的评标委员会的初步评审和详细评审工作提供基础。

清标工作可以由招标人组建的清标小组负责，也可以由评标委员会负责。清标小组应由熟悉招标项目情况、专业水平较高的专业人员组成。

一、清标工作的主要内容

(1)根据招标文件的规定，对所有投标文件进行全面的审查，列出投标文件在符合性、响应性和技术方法、技术措施、技术标准等方面存在的偏差；

(2)按照招标文件规定的方法和标准，对投标报价进行核实和换算；

(3)列出投标文件中存在的算术计算错误；

(4)根据招标文件规定的标准，审查并列出过高和过低的投标价格，对工程量大的单价、单价过高或过于低于清标均价的项目要进行重点审查；

(5)形成书面的清标报告。

二、清标报告包括的主要内容

(1)招标工程项目的范围、内容、规模、标准、特点等具体情况；

（2）招标文件规定的质量、工期及其他主要技术要求、技术标准；

（3）招标文件规定的评标标准和评标方法及在评标过程中需要考虑的相关因素；

（4）投标文件在符合性、响应性和技术方法、技术措施、技术标准等方面存在的偏差；

（5）对投标报价进行核实和换算的情况；

（6）投标文件中存在的含义不明确、对同类问题表述不一致或者有明显文字错误的情形；

（7）投标文件算术计算错误的修正方法、修正标准和建议的修正结果；

（8）在列出的所有偏差中，建议作为重大偏差的情形和相关依据；

（9）在列出的所有偏差中，建议作为细微偏差的情形和进行相应补正所依据的方法、标准；

（10）列出投标价格过高或者过低的清单项目的序号、项目编码、项目名称、项目特征、工程内容，与招标文件规定的标准之间存在的偏差幅度，产生偏差的技术、经济等方面原因的摘录；

（11）其他在清标过程中发现的，需要提请评标委员会讨论、决定的投标文件中的问题。

68 投标价、评标价、评标基准价是什么？

一、投标价

投标价是投标人投标时报出的合同价。投标价是投标人根据招标文件中工程量清单以及计价要求，结合施工现场实际情况及施工组织设计，按照企业工程施工定额或参照省工程造价管理机构发布的工程定额，结合人、料、机等市场价格信息，完成招标方工程量清单所列项目内容的全部费用。投标报价是投标人对建设项目的心理价位，是中标后签订合同的价格依据，由投标单位自主编制确定。投标报价不得低于工程成本，不得高于最高投标限价。

二、评标价

评标价的计算以投标价为基础，综合考虑项目的质量、性能、技术标准，交货或竣工时间，设备的配套性和零部件供应能力，设备或工程交付使用后的运行、维护费用、付款条件以及中小企业享受的政府采购政策优惠等因素，按照招标文件中规定的权数或量化方法，将这些因素一一折算为一定的货币数额，并计入投标报价中，最终得出评标价。

实践中，评标价与投标价很容易混淆，因为评标价的依据就是投标价，评标价是评标委员会按照招标文件的要求和标准计算出来的。如果投标人的投标价格存在算术性错误，评标委员会可以在不改变投标报价实质性内容的情况下对其进行修正，如果投标人不接受修正价格，其投标将被拒绝。

三、评标基准价

评标基准价根据各投标人的投标价或评标价进行确定，它是投标人报价得分的评审依据。

评标基准价确定的方式比较多，主要包括：

(一) 最低评标价法

以投标价或评标价中最低的价格为评标基准价。这种方法在货物类招标中较常用，但要注意货物的质量、技术指标能否满足需要。

(二) 算术平均值法

在工程招标投标中，一般情况下，当投标人数少于 5 个时，评标基准价为所有投标报价或评标价的算术平均值；当投标人数不少于 5 个时，评标基准价为去掉最高和最低投标报价或评标价后的算术平均值；当投标人数大于 12 个时，评标基准价为去掉 2 个最高和 2 个最低投标报价或评标价后的算术平均值。

在政府采购活动中，采用招标投标或竞争性磋商方式采购货物和服务项目，项目评审计算评标基准价时，不得去掉投标报价中的最高报价和最低报价。

(三) 降幅系数法

所有投标报价或评标价的算术平均值乘以降幅系数确定评标基准价，而降幅系数通过现场摇号确定，一般是 1%、3%、5% 等。此方法适合工程施工项目招标，投标人数较多时，能防止围标串标。

(四) 权重法

招标控制价和各投标报价或评标价算术平均值乘以相应权重比例确定

评标基准价，而权重比例的大小也可通过摇号确定。如果招标控制价占基准价的30%，则各投标报价或评标价的算术平均值占基准价的70%。此方法主要适合工程施工项目招标。

69 投标报价怎么计算分值？

在评标过程中，除了未通过第一信封（商务和技术文件）评审的投标文件不参与评标基准价计算外，若招标人发现投标文件出现下列任一情况，其投标价将不再参加基准价的计算：

（1）未在投标函上填写投标总价；

（2）投标报价超过招标人公布的最高投标限价；

（3）投标人须知前附表约定的其他情形。

在投标文件第二个信封（报价文件）开标时，如果投标人认为评标基准价计算有误，有权在开标时提出异议，经招标人当场核实确认之后，可重新宣布评标基准价。开标时宣布的基准价除计算有误经评标委员会修正外，在本次评标期间保持不变，不随任何因素发生变化。

根据招标文件的要求，可以按照最低评标价法、算术平均值法、降幅系数法、权重法等确定评标基准价。

一、采用最低评标价法计算投标人报价得分

满足招标文件要求且投标价格最低的投标报价为评标基准价，其价格分为满分。其他投标人的价格得分统一按照下列公式计算：

投标报价得分=（评标基准价/投标报价）×价格权值×100

二、采用算术平均值法、降幅系数法、权重法确定评标基准价，来计算投标人投标报价得分

(一)偏差率计算公式

偏差率=(投标人评标价-评标基准价)/评标基准价×100%

(二)投标人投标报价得分

(1)如果投标人的评标价>评标基准价，则投标人投标报价得分=F-偏差率×100×$E1$；

(2)如果投标人的评标价≤评标基准价，则投标人投标报价得分=F+偏差率×100×$E2$，

其中，F 为价格分值，$E1$、$E2$ 为系数，一般 $E1>E2$。

什么是综合评估法和综合评分法？

工程招标投标中，评标采用综合评估法；政府采购活动中，评审采用综合评分法。

一、综合评估法

综合评估法是综合衡量商务、技术、价格等各因素对招标文件的满足程度，按照统一的标准将这些因素量化后打分，按照得分由高到低的顺序推荐中标候选人的评标方法。它是一种比较全面的评估方法，通过考虑多个因素来评估投标人的综合能力，可以减少主观性评判，提高评标过程的公正性。综合评估法一般适用于对招标项目的技术、性能有专门要求的项目。综合评估法评标分初步评审和详细评审两个阶段。

(一) 初步评审

初步评审包括形式评审、响应性评审和资格评审，其中，形式评审和响应性评审属于符合性评审范畴。评标委员会按照规定的评审标准对投标文件进行初步评审，若有一项不符合评审标准，则该投标应被否决。

1. 形式评审

形式评审内容：审查投标人名称与营业执照、资质证书、安全生产许可证是否一致，投标函是否有法定代表人或其委托代理人的签字、盖章，是否加盖单位公章，投标文件格式是否符合规定要求，联合体是否提交了符合招标文件要求的联合体协议书，协议书是否明确了联合体牵头人及各方承担的连带责任。

2. 响应性评审

响应性评审内容：投标的工期、质量、安全、投标有效期、投标保证金、已标价工程量清单等是否符合投标人须知及投标人须知前附表的要求。

3. 资格评审

资格评审内容：审查投标人营业执照、资质、安全生产许可证、财务、业绩、信誉、项目负责人及其他主要人员是否符合招标文件的要求。

(二) 详细评审

评标委员会按招标文件中规定的量化因素和分值进行打分，并计算出综合得分。分值构成包括：①项目管理机构，主要包括项目负责人资历及类似业绩，其他主要人员资历及业绩，拟投入的设备等；②施工组织设计，主要包括工程概述，工作范围及内容，工作的方案、质量、进度、投资，安全等保证措施等；③其他因素，主要包括企业类似业绩，信誉等；④投标报价，按招标文件的规定对投标报价进行评分，评标办法中应规定评标基准价的计算方法和投标报价的计算公式。

按照综合评估法完成评标后，评标委员会应当拟定"综合评估比较表"，连同书面评标报告提交招标人。"综合评估比较表"应当载明投标人的投标报价、所作的修正、对商务偏差的调整、对技术偏差的调整、对各评审因素的评估以及对每一个投标人的最终评审结果。

二、综合评分法

综合评分法是指投标文件满足招标文件全部实质性要求，且按评审因素的量化指标评审得分最高的供应商为中标候选人的评审方法。

评审因素的设定应当与投标人所提供货物、服务的质量相关，包括投标报价、技术或者服务水平、履约能力、售后服务等。评审因素应当在招标文件中规定，评审因素应当细化和量化，且应与相应的商务条件和采购需求相对应。商务条件和采购需求指标有区间规定的，评审因素应当量化到相应区间，并设置各区间对应的不同分值。资格条件不得作为评审因素。评审时，评标委员会各成员应当独立对每个投标人的投标文件进行评价，并汇总每个投标人的得分。

71 | ## 什么是经评审的最低投标价法和最低评标价法？

工程招标投标中，评标采用经评审的最低投标价法；政府采购活动中，评审采用最低评标价法。

一、经评审的最低投标价法

经评审的最低投标价法是满足招标文件实质要求的投标人，以投标报价为基础，考量其他因素形成评标价格，按照经评审的评标价由低到高的顺序推荐中标候选人的一种评标方法。一般适用于具有通用技术、性能标准或者招标人对其技术、性能标准没有特殊要求的招标项目。

经评审的最低投标价法产生的基本步骤是，首先按照初步评审标准对投标文件进行评审，然后依据详细评审标准对通过初步审查的投标文件进行价格折算，确定其评标价，再按照经评审的评标价由低到高的顺序推荐中标候选人。

(一) 初步评审

初步评审包括形式评审、响应性评审、资格评审、施工组织设计及项目管理机构评审四个方面。其中，形式评审和响应性评审属于符合性评审范畴。

1. 形式评审

形式评审内容：审查投标人名称与营业执照、资质证书、安全生产许可证是否一致，投标函是否有法定代表人或其委托代理人的签字、盖章，是否加盖单位公章，投标文件格式是否符合规定要求，投标报价是否具有唯一性，联合体是否提交了符合招标文件要求的联合体协议书，协议书是否明确了联合体牵头人及各方承担的连带责任。

2. 响应性评审

响应性评审内容：投标的工期、质量、安全、投标有效期、投标保证金，已标价工程量清单、技术标准等是否符合投标人须知及投标人须知前附表的要求。

3. 资格评审

资格评审内容：审查投标人营业执照、资质、安全生产许可证、财务、业绩、信誉、项目负责人及其他主要人员是否符合招标文件的要求。

4. 施工组织设计及项目管理机构评审

施工组织设计及项目管理机构评审内容：一般包括施工方案与技术措施、质量管理体系与措施、安全管理体系与措施、环境管理体系与措施、工程进度计划与措施、资源配备计划、项目负责人及其他主要成员的配备、施工设备、试验和检测仪器等。

(二) 详细评审

首先审查投标人是否有单价漏项、报价的算术计算错误、大小写金额不一致等，如有上述情况，评标委员会应通过投标人的澄清、说明予以确认。评标委员会发现投标人的报价明显低于其他人的投标报价，或者设有标底时明显低于标底的，应当要求该投标人做出书面说明并提供相应的证明材料，投标人不能合理说明或者不能提供相应证明材料的，评标委员会应当否决其投标。

评标委员会依据招标文件评标办法中详细评审标准规定的量化因素和

标准对投标报价进行折算，计算出评标价，并编制"标价比较表"，连同书面评标报告提交招标人。"标价比较表"应当载明投标人的投标报价、对商务偏差的价格调整说明、评标价以及对每个投标人的评审结果。

二、最低评标价法

最低评标价法，是指投标文件满足招标文件全部实质性要求，且投标报价最低的投标人为排名第一的中标候选人的评标方法。技术、服务等标准统一的货物和服务项目，应当采用最低评标价法。采用最低评标价法评审时，除了算术修正和落实政府采购优惠政策需要进行价格扣除外，不能对投标人的投标价格进行任何调整。

否决投标、废标、投标无效、无效投标的概念适用于什么情形？

在招标投标和政府采购法律法规体系中，对否决投标、废标、投标无效、无效投标的概念经常用到。一般情况下，招标投标适用于否决投标、废标、投标无效的概念；政府采购适用于废标、投标无效、无效投标的概念。但是，在实际运用过程中，这些概念容易相互混淆。现具体说明如下：

一、否决投标

否决投标是指投标文件经评标委员会审查，资格性评审、符合性评审不符合招标文件要求。《招标投标法》第四十二条规定，评标委员会经评审，认为所有投标都不符合投标文件要求的，可以否决所有投标。《招标投标法实施条例》第五十一条规定，有下列情形之一的，评标委员会应当否决其投标：①投标文件未经投标单位盖章和单位负责人签字；②投标联合体没有提交共同投标协议；③投标人不符合国家或者招标文件规定的资格条件；④同一投标人提交两个以上不同的投标文件或者投标报价，但招标文件要求提交备选投标文件的除外；⑤投标报价低于成本或者高于招标文件设定的最高投标限价；⑥投标文件没有对招标文件的实质性要求和条件作出响应；⑦投标人有串通投标、弄虚作假、行贿等违法行为。从这些法律条文来理解，否决投标涉及的对象可以是投标个体，也可以是整个投标活动。

二、废标

在政府采购过程中，废标是指整个采购活动及采购程序被终止或中标结果被废除的行为。根据《政府采购法》第三十六条的规定，在招标采购中，出现下列情形之一的，应予废标：①符合专业条件的供应商或者对招标文件作实质响应的供应商不足三家的；②出现影响采购公正的违法、违规行为的；③投标人的报价均超过了采购预算，采购人不能支付的；④因重大变故，采购任务被取消的。政府采购的废标可以是招标投标的任一阶段和过程，采购人或者采购代理机构、评标委员会都有权作出废标的决定，监督管理部门在监督检查或处理投诉时也可作出废标的决定。政府采购的废标实质上是宣告采购活动及程序终止的行为。根据《政府采购法》第三十七条的规定，废标后，除采购任务取消情形外，应当重新组织招标；需要采取其他方式采购的，应当在采购活动开始前获得设区的市、自治州以上人民政府采购监督管理部门或者政府有关部门批准。

在工程招标投标过程中，废标的概念经常被使用。国家发展计划委员会等七部委《评标委员会和评标方法暂行规定》第二十七条规定，评标委员会否决不合格投标或者界定为废标后，因有效投标不足三个使得投标明显缺乏竞争的，评标委员会可以否决全部投标。这里的废标概念与政府采购所指的废标概念有所不同，是指某个投标人的投标被否决，而不是整个招标投标活动及程序的终止。

三、投标无效、无效投标

投标无效、无效投标是指投标（响应）文件经招标人（采购人）、评标委员会对其资格性评审、符合性评审认定为不合格，而将其投标界定为投标无效、无效投标的情形。

在招标投标法律法规体系中，《招标投标法实施条例》第三十四条、第三十七条、第三十八条和第八十一条规定了多种"投标无效"的情形。如第三十七条规定，招标人接受联合体投标并进行资格预审的，联合体应当在提交资格预审申请文件前组成。资格预审后联合体增减、更换成员的，其投标无效。联合体各方在同一招标项目中以自己名义单独投标或者参加其他联合体投标的，相关投标均无效。第三十八条规定，投标人发生合并、分立、破产等重大变化的，应当及时书面告知招标人。投标人不再具备资格预审文件、招标文件规定的资格条件或者其投标影响招标公正性的，其投标无效。第八十二条规定，依法必须进行招标的项目的招标投标活动违反《招标投标法》和本条例的规定，对中标结果造成实质性影响，且不能采取补救措施予以纠正的，招标、投标、中标无效，应当依法重新招标或者评标。

在政府采购法律法规体系中，《政府采购货物和服务招标投标管理办法》(财政部令第87号)第三十六条规定，投标人应当遵循公平竞争的原则，不得恶意串通，不得妨碍其他投标人的竞争行为，不得损害采购人或者其他投标人的合法权益。在评标过程中发现投标人有上述情形的，评标委员会应当认定其投标无效，并书面报告本级财政部门。财政部令第87号第六十三条规定，投标人存在下列情况之一的，投标无效：①未按照招标文件的规定提交投标保证金的；②投标文件未按招标文件要求签署、盖章的；③不具备招标文件中规定的资格要求的；④报价超过招标文件中规定的预算金额或者最高限价的；⑤投标文件含有采购人不能接受的附加条件的；⑥法律、法规和招标文件规定的其他无效情形。

财政部令第87号第六十条规定，评标委员会认为投标人的报价明显低于其他通过符合性审查投标人的报价，有可能影响产品质量或者不能诚信履约的，应当要求其在评标现场合理的时间内提供书面说明，必要时提交相关证明材料；投标人不能证明其报价合理性的，评标委员会应当将其作为无效投标处理。

"投标无效"是指投标行为或投标活动无效，认定的依据是招标文件，涉及的对象既可以是投标个体，也可以是整个投标活动。从相关法律法规条文的内容来看，招标投标法律体系中的"投标无效"与政府采购法律体系中的"投标无效""无效投标"的内涵大体相同。

73 评审时可以去掉最高分、最低分吗？

在实行综合评估法或综合评分法的招标采购项目中，评标委员会评审时会对通过资格性、符合性审查的投标文件的商务、技术、价格部分进行分别评分，再按计分规则计算投标人的最后得分。商务部分的评分属客观分，价格部分的评分是根据招标文件规定的计分办法和投标人的报价计算出来的评分，也属客观分。在项目评审时，评标委员会成员对每个投标人客观分的评分是一致的，而技术部分主观分的评分，评标委员会成员因为有"自由裁量权"而不一致。关于技术部分评分的计算有两种处理方法：一种是先将评审专家技术部分评分的一个最高分和一个最低分去掉，再取其余评审专家技术部分评分的算术平均值即为该投标人技术部分的评分；另一种是不去掉评审专家技术部分评分的最高分和最低分，取所有评审专家评分的算术平均值即为该投标人技术部分的评分。之后，将投标人技术部分的评分加上商务部分和价格部分的评分，即为该投标人的最终得分。

在工程招标投标中，没有规定评标的具体评分规则。因此，有的招标项目，在计算评标专家评分时，会去掉一个最高分和一个最低分，而有的招标项目，不去掉最高分和最低分。有的专业人士认为去掉最高分和最低分的评分办法不合理，因为这种方法破坏了评标专家"独立评审"制度，不利于拉开投标人之间的真实差距。但有的专业人士认为比较合理，认为去掉一个最高分和一个最低分的评分办法，可以避免极端值、异常值对平均分的影响。否则，当出现偏大数时，平均值会较高；当出现偏小数时，平均值会较低，去掉最高分和最低分可以避免评判者的主观倾向和个人好恶对评分的影响，相对来说比较公平。

去掉一个最高分和一个最低分的评分办法，在体育和文艺比赛中的评判中非常普遍，在评委较多的情况下，还会去掉两个最高分和两个最低分，以显示比赛的公平公正。在工程招标项目中，首先提出对最高分、最低分修正方法的是商务部《机电产品国际招标综合评价法实施规范（试行）》（商产发〔2008〕311号）第十三条的规定，"评标委员会成员对同一投标人的商务、技术、服务及其他评价内容的分项评分结果出现差距时，应遵循以下调整原则：评标委员会成员的分项评分偏离超过评标委员会全体成员的评分均值±20%，该成员的该项分值将被剔除，以其他未超出偏离范围的评标委员会成员的评分均值（称为'评分修正值'）替代；评标委员会成员的分项评分偏离均超过评标委员会全体成员的评分均值±20%，则以评标委员会全体成员的评分均值作为该投标人的分项得分"。

在工程招标投标中，一般来讲，采用去掉最高分和最低分的评分办法更普遍一些。在政府采购活动中，实行综合评分法的项目，是否适用于去掉一个最高分和一个最低分的评标办法呢？根据《政府采购货物和服务招标投标管理办法》（财政部令第87号）第五十五条的规定，"评标时，评标委员会各成员应当独立对每个投标人的投标文件进行评价，并汇总每个投标人的得分"。《政府采购竞争性磋商采购方式管理暂行办法》（财库〔2014〕214号）第十六条规定，"磋商小组成员应当按照客观、公正、审慎的原则，根据磋商文件规定的评审程序、评审方法和评审标准进行独立评审"。因此，在政府采购法律法规体系中，评审时一般不去掉最高分和最低分，否则，会破坏评标委员会"独立评审"的权利。如果某个评审专家为某个供应商打分畸高或畸低，左右评标结果，怎么办？政府采购制度还规定了纠正程序。财政部令第87号第六十四条规定，"经评标委员会认定评分畸高、畸低的，评标报告签署前，评标委员会应当当场修改评标结果，并在评标报告中记载；评标报告签署后，采购人或者采购代理机构发现评分畸高、畸低的，应当组织原评标委员会进行重新评审，重新评审改变评标结果的，书面报告本级财政部门"。

采用去掉最高分和最低分的评审办法，工程招标投标一般情况下普遍采用，而政府采购活动按有关规定一般不能使用，其实这跟评标委员会成员人数有很大的关系。工程招标投标，评标委员会成员人数为 5 人以上的单数；政府采购活动，采用招标方式采购货物和服务的评标委员会成员人数为 5 人以上的单数，而采用非招标方式如竞争性谈判、竞争性磋商、询价方式时，谈判、磋商或询价小组成员人数为 3 人以上的单数。在涉及具体项目评审时，如果谈判、磋商或询价小组成员人数为 3 人，实行去掉一个最高分和一个最低分的评审办法，那只能取中位数，一个评委就可以决定评审结果。这样，就抹杀了其他评委的独立评审意见，评审工作就无法做到公平公正。

74 评审专家评分畸高、畸低怎么办？

一个政府采购货物项目采用公开招标，评标委员会成员为 5 人，评标采用综合评分法。评标结果出来，发现第一名供应商与第二名供应商的评分总分相差 0.1 分。代理机构在检查评标报告时，发现一个评委对第一名供应商主观分打得很高，高于另外四个评委平均分约 30%，对第二名供应商主观分打得很低，低于其他四个评委平均分约 35%，其他四个评委打的主观分相差平均不到 15%，这名评委的评分涉嫌畸高、畸低。代理机构将这个情况汇报给评审组长，评审组长也觉得不是很正常，要求这名评审专家进行修改，但是这名专家说，自己的评分在合理范围之内，拒绝修改。那这个情况怎么办呢？

一种说法，评标委员会成员有独立评审的权利。《政府采购货物和服务招标投标管理办法》（财政部令第 87 号）第五十五条规定，评标时，评标委员会各成员应当独立对每个投标人的投标文件进行评价。根据这个规定，代理机构或评审组长不能要求评审专家修改评审分数，否则，涉嫌干预评标结果。另一种说法，评审专家评分畸高、畸低，是一种违规行为。财政部令第 87 号第四十五条、六十四条规定，采购人或者采购代理机构组织评标工作，有核对评标结果的权利，如果有"经评标委员会认定评分畸高、畸低"的情形，可以要求评标委员会复核或者书面说明理由，评标委员会拒绝的，应予记录并向本级财政部门报告。

在一定条件下，评审专家评分畸高、畸低的情形难以评判，也各有法律依据，在评标实践过程中怎么解决呢？建议如下：一是招标文件制定评分办法时，应尽量减少主观分的比重，并对主观分进行细化量化，避免评分差距过大及异常分的出现；二是在评标委员会成员为 5 人以上单数时，可以采取去掉评标专家一个最高分和一个最低分的评审办法，取其他评标成员评分的算术平均值来确定投标人的得分；三是国家有关部门应出台法规及规范性文件，对"畸高、畸低评分"的情形进行定义及解释。

75 | 评标委员会随意否决投标的情况为什么会比较多？

《招标投标法》第四十条规定，评标委员会应当按照招标文件确定的评标标准和方法，对投标文件进行评审和比较。在实际评审过程中，如果投标文件存在瑕疵或细微偏差，可能会被评标委员会判定为投标无效。比如报价投标函中大写金额与小写金额不一致，总价金额与依据单价计算出来的结果不一致，工程量清单单价漏项，投标文件附的是公共资源交易中心网站上招标项目澄清文件的复印件（招标文件要求投标文件附公共资源交易中心系统下载的招标项目澄清文件的复印件），等等，这些都是一般性问题，都没有违反招标文件的实质性要求，这些问题评标委员会要求投标人书面澄清、说明、补正就可以了，但如果评标委员会没有经过这一规定程序，大多都会直接否决其投标。评标委员会随意否决投标的情况为什么会比较多呢？

在评标过程中，评标专家既要熟悉招标文件要求，又要评审每个投标文件，甚至有的投标文件要一页一页仔细去理解，才会把问题弄清楚。但在投标单位多、投标文件内容多的情况下，评标专家都要认真去看，费时又费力，只要评标专家找出投标文件中的问题，有时也不认真辨别它是否违反招标文件的实质性要求，往往就会被判定为投标无效。投标文件被判定为投标无效后，评标专家时间节省了，评审工作量就减轻了；判定为投标无效的越多，评标专家的劳动强度就会越轻。至于评审的质量如何，很难进行监督，也很难去追究。

　　《招标投标法实施条例》第五十二条规定，"投标文件含义不明确的内容、明显文字或者计算错误，评标委员会认为需要投标人作出必要澄清、说明的，应当书面通知该投标人，投标人的澄清、说明应当采用书面形式，并不得超出投标文件的范围或者改变投标文件的实质性内容"。在具体项目评审时，遇到需要投标人澄清、说明的问题，评标委员会不可能直接去联系投标人，而是委托给代理机构去做。但怎样把评标委员会的书面澄清通知交给投标人，投标人如何把签署和盖章好的书面澄清文件递到评标现场来，如果采用纸质文档，现实操作有较大的难度，采用电子文档时难度就会小一点。而评标委员会如果对有瑕疵的投标文件直接否决其投标，操作起来就非常简单，只要在评标报告里说明一下否决其投标的原因就可以了。即使投标人事后知道，也很难去异议、质疑和投诉成功。

　　有的评标委员会成员对非本地域的投标人有偏见，或者有人"打招呼"，或者收受投标人的财物及其他好处等原因，在评标时，就可能抓住有的投标人标书有瑕疵的弱点，通过否决其投标来排除竞争者。

76 | 评标委员会错误否决投标应由谁负责？

2021 年 3 月，在一个市政道路施工监理项目招标项目中，一个投标单位在监理费用报价汇总表中，将依据单价汇总的投标报价总金额 3253555 元，误写成 3253565 元，导致总价金额与依据单价计算出来的金额结果不一致。评标委员会发现这一问题后，否决其投标。评标结果公示后，投标单位向招标人提出异议，招标人未答复，该投标单位向监督管理部门投诉，监督管理部门认为是投标单位的责任，接着，该投标单位又向法院提起诉讼，要求招标人赔偿损失 120 万元。

法院调查后认为，根据《评标委员会和评标方法暂行规定》（国家七部委令第 12 号）第十九条规定，"投标文件中的大写金额和小写金额不一致的，以大写金额为准；总价金额与单价金额不一致的，以单价金额为准，但单价金额小数点有明显错误的除外。评标委员会可以以书面形式要求投标人对投标文件中含义不明确、对同类问题表述不一致或者有明显文字和计算错误的内容作必要的澄清、说明或者补正"。《招标投标法实施条例》第五十二条规定，"投标文件中有含义不明确的内容、明显文字或者计算错误，评标委员会认为需要投标人作出澄清、说明的，应当书面通知该投标人"。但是，投标文件出现这一计算错误后，评标委员会未通知该投标单位书面澄清、说明，就直接否决其投标。这属于评标委员会没有正确理解法规条文的精神实质，没有按照法定的程序进行评审，属于明显错误的评判。评标委员会的错误给投标单位造成了损失，投标单位有权要求赔偿。

法院审理后认定，评标委员会是由招标人临时组建的评标工作组，不属于法人、其他组织，属于非实体性组织，不能作为承担民事责任的主体。招标人将评标工作委托给评标委员会负责，可界定招标人和评标委员会属于委托被委托关系，评标委员会的法律后果应由招标人承担。投标单位诉请赔偿金额 120 万元，其中包括投标单位认为的预期利润 110 万元，但赔偿不能包括预期利润，法院对这部分预期利润赔偿不予支持，招标人应赔偿给投标单位编制标书及有关差旅等费用共计 10 万元。法院判决书下达后，招标人与投标人均未上诉，招标人履行了法院的判决。

《招标投标法》第四十四条规定，"评标委员会成员应当客观、公正地履行职务，遵守职业道德，对所提出的评审意见承担个人责任"。《民法典》第九百二十九条规定，"有偿的委托合同，因受托人的过错造成委托人损失的，委托人可以请求赔偿损失"。因此，评标专家的过错给招标人造成损失的，应当由其赔偿招标人的损失。评标专家的行为给投标人造成损失的，可由招标人先行赔付，招标人承担责任后，再向评标专家追偿。

采购代理机构可以要求投标人澄清吗？

在政府采购活动中，采购代理机构是采购人委托的当事人，采购代理机构的工作如何直接影响到采购目标的实现，也影响到政府采购的公平公正。

有这样一个案例，某事业单位委托采购代理机构采用公开招标方式采购设备，第一次招标因投标人不足 3 家而废标。项目重新招标后，有 3 家投标人递交了投标文件，在评审环节，评标委员会对投标文件进行实质性审查时发现，有一家投标人的实质性条款含义不明，有一定的偏差。采购代理机构在评审现场知道后，担心这家投标人被判定为投标无效后会使投标人不足 3 家而又废标，从而影响设备采购项目的进展。采购代理机构主动要求该投标人对此项含义不明的内容进行澄清、说明，该投标人递交了澄清书面文件，评审工作继续进行。

采购代理机构这么做合规吗？评审过程中的澄清、说明的程序如何启动，由谁决定？《政府采购货物和服务招标投标管理办法》(财政部令第 87号)第五十一条规定，"对于投标文件中含义不明确、同类问题表述不一致或者有明显文字和计算错误的内容，评标委员会应当以书面形式要求投标人作出必要的澄清、说明或者补正"。根据这一规定，采购代理机构的做法显然是不妥当的。在评标过程中，对于是否需要启动澄清、说明程序，由谁来作决定，这只能交给评标委员会依法处理，其他参与主体提出的澄清和说明要求，评标委员会应不予接受或拒绝。

78 | 如果投标人未提供网页查询截图时间，应该如何处理？

　　某高速公路新建施工项目采用公开招标的方式招标，招标文件对投标人信誉资格审查条件为：投标人在国家企业信用信息公示系统中未被列入严重违法失信企业名单，在信用中国网站中未被列入失信被执行人名单，信用状况均应附指定网站网页截图复印件，截图时间为招标公告发布之日起至投标截止日之间。

　　在评标过程中，有一家投标单位在投标文件中提供了未被列入严重违法失信名单、未被列入失信被执行人名单的指定网站网页截图复印件，但未提供截图时间。对这一问题如何进行处理呢？评标委员会成员开展了讨论。评标专家甲认为，这家投标单位是上市企业，不会存在经营异常的情形，可以将此问题反映给招标人或招标代理机构，由招标人或招标代理机构到相关网站上查询核实，如果该投标单位在指定网站上未被列入严重违法失信名单、未被列入失信被执行人名单，那么该投标人的投标文件有效。评标专家乙认为，该问题属于投标文件的细微偏差，可以要求投标单位就此问题进行澄清、说明，如果投标单位的书面澄清文件能够证明该投标人未被列入严重违法失信名单、未被列入失信被执行人名单，那么该投标单位的投标文件有效。请问，这两位评标专家的意见是否正确？评标委员会应当如何进行处理呢？

　　招标文件要求投标人提供未被列入严重违法失信企业名单、未被列入失信被执行人名单并有特定时间界限的指定网站网页截图复印件，但投标文件未响应招标文件的实质性要求，评标委员会应当否决其投标，而不能采纳这两位评标专家的意见。评标委员会应该基于招标文件、投标文件及有关规定进行公正专业的评审，对于不符合招标文件实质性要求的投标文件，既不能要求招标代理机构主动补充其内容，也不能要求投标人进行澄清、说明。

79 | 如何探索推进"评定分离"改革？

评定分离是在招标投标和政府采购过程中将评标和定标作为两个独立的环节实施，将过去由评标委员会向招标人推荐排序的中标候选人确定中标人的做法，改由评标委员会向招标人推荐不排序的中标候选人，在此基础上，再由招标人组建的定标委员会确定中标人。

《招标投标法》第三十八条规定，任何单位和个人不得非法干预、影响评标的过程和结果。评标委员会特有的独立评审权利，对中标结果有较大的影响和决定权。评标委员会作为随评标而产生、又随评标结束而解散的非实体性组织，一旦出现不公正的问题，责任很难追究。评标委员会及评标专家的权力和责任不对等。

作为招标方的建设单位，要对项目承担全面责任。住房和城乡建设部《建筑工程五方责任主体项目负责人质量终身责任追究暂行办法》（建质〔2014〕124号）规定，"建设单位项目负责人对工程质量承担全面责任，在工程设计使用年限内对工程质量承担终身责任"。招标项目承建单位选择得是否得当，是否具有较好的履约能力，是项目成功与否的关键。而按照《招标投标法实施条例》第五十五条的规定，"国有资金占控股或主导地位的依法必须进行招标的项目，招标人应当确定第一的中标候选人为中标人"。在这样的前提下，招标人对投标人的选择没有自主权，且受到了严格限制。这使得招投标领域出现了较多问题，如招标人权责不对等、市场竞争环境不充分、围标串标现象较为严重等。对于这些问题，深圳市大胆探索，积累经验，于 2011 年率先出台了《关于深化建设工程招标投标改革试行评标定标分离的通知》文件。随后，全国一些地方也陆续开展了评定分离的改革试点工作。2019 年 10 月，住房和城乡建设部发布了《关于进一步加强房屋建筑和市政基础设施工程招标投标监管的指导意见》（建市规〔2019〕11 号），提出了"探索推进评定分离方法"的意见，其主要内容是评标委员会向招标人推荐合格的中标候选人，然后再由招标人依据内部控制程序和决策约束机制，按照科学、民主决策原则，择优确定中标人。这样，在一些地方的招标投标实践中采用了评定分离的办法，来探讨推进招标投标基础性的制度建设。

当然，推进评定分离改革也遇到一些问题，主要是"评定分离方法"与招标投标和政府采购有关法律法规有矛盾。"探索推进评定分离方法"出自建市规〔2019〕11 号，其文件为指导性意见，不具有法律法规的强制性。

《招标投标法》第四十条规定，招标人根据评标委员会提出的书面评标报告和推荐的中标候选人确定中标人，招标人也可以授权评标委员会直接确定中标人。《招标投标法实施条例》第五十三条规定，评标完成后，评标委员会应当向招标人提交书面评标报告和中标候选人名单。中标候选人应当不超过 3 个，并标明排序。《政府采购法实施条例》第四十三条规定，采购人应当自收到评审报告之日起 5 个工作日内在评审报告推荐的中标或者成交候选人中按顺序确定中标或者成交供应商。《房屋建筑和市政基础设施工程施工招标投标管理办法》（住建部令第 43 号）第四十一条规定，使用国有资金投资或者国家融资的工程项目，招标人应当按照中标候选人的排序确定中标人，当确定中标的中标候选人放弃中标或者因不可抗力提出不能履行合同的，招标人可以依序确定其他中标候选人为中标人。这些法律法规条文有三个重点，一是中标候选人不超过 3 个且要排序；二是使用国有资金投资或者国家融资的工程项目，招标人应当按照中标候选人的排序确定中标人；三是使用非国有资金投资或者非国家融资的项目，招标人可以在中标候选人中任意选择中标人。

现在，采购领域实行的"评定分离方法"与招标投标和政府采购的法律法规存在较大的矛盾和冲突：一是按照"评定分离方法"推荐的中标候选人不排序，不限名额，可以是 3 个以上，甚至是所有合格的投标人；二是使用国有资金投资或者国家融资的工程项目，招标人可以不确定排名第一的中标候选人为中标人；三是定标没有按照法定程序经过公平竞争性审查，没有对应的法律法规约束，而是按照招标人内部控制程序和决策约束机制定标，定标的主观性较强。综合上述，在招标投标和政府采购活动中，"推进评定分离方法"没有法律法规支撑，且与现行的法律法规相冲突。如何找出一个好的办法，还需要进一步的实践和探索。

80 招标人（采购人）可以确定排名第一以外的中标候选人为中标人吗？

在招标投标和政府采购活动中，一般情况下，招标人应确定排名第一的中标候选人为中标人，但是在特定情况下，招标人也可以确定排名第一以外的中标候选人为中标人。

《招标投标法实施条例》第五十五条规定，国有资金占控股或者主导地位的依法必须进行招标的项目，招标人应当确定排名第一的中标候选人为中标人。排名第一的中标候选人放弃中标、因不可抗力不能履行合同、不按照招标文件要求提交履约保证金，或者被查实存在影响中标结果的违法行为等情形，不符合中标条件的，招标人可以按照评标委员会提出的中标候选人名单排序依次确定其他中标候选人为中标人，也可以重新招标。《房屋建筑和市政基础设施工程施工招标投标管理办法》（住建部令第 43 号）第四十一条规定，使用国有资金投资或者国家融资的工程项目，招标人应当按照中标候选人的排序确定中标人，当确定中标的中标候选人放弃中标或者因不可抗力提出不能履行合同的，招标人可以依序确定其他中标候选人为中标人。

《政府采购法实施条例》第四十九条规定，中标或者成交供应商拒绝与采购人签订合同的，采购人可以按照评审报告推荐的中标或者成交候选人名单排序，确定下一候选人为中标或者成交供应商，也可以重新开展政府采购活动。《政府采购法实施条例》第七十一条规定，有《政府采购法》第七十一条、第七十二条规定的违法行为之一，影响或者可能影响中标、成交结果的，依照下列规定处理：

（1）已确定中标或者成交供应商但尚未签订政府采购合同的，中标或者成交结果无效，从合格的中标或者成交候选人中另行确定中标或者成交供应商；没有合格的中标或者成交候选人的，重新开展政府采购活动。

（2）政府采购合同已签订但尚未履行的，撤销合同，从合格的中标或者成交候选人中另行确定中标或者成交供应商；没有合格的中标或者成交候选人的，重新开展政府采购活动。《政府采购质疑和投诉办法》（财政部令第94号）第十六条规定，对采购过程、中标或者成交结果提出的质疑，质疑成立且影响或者可能影响中标、成交结果的，合格供应商符合法定数量时，可以从合格的中标或者成交候选人中另行确定中标、成交供应商的，应当依法另行确定中标、成交供应商；否则应当重新开展采购活动。

通过以上法规我们可以看出，若排名第一的中标候选人有下列情形之一的，招标人（采购人）可以确定排名第二的中标候选人为中标人；排名第二的中标候选人有下列情形之一的，招标人（采购人）可以确定排名第三的中标候选人为中标人。

（1）自动放弃中标的；

（2）不按照招标文件要求提交履约保证金的；

（3）中标或成交供应商拒绝与采购人签订合同的；

（4）因不可抗力不能履行合同的；

（5）质疑成立且影响或者可能影响中标、成交结果的；

（6）被查实存在影响中标、成交结果的违法行为等情形。

对于使用非国有资金投资或者非国家融资的项目，招标人可以在中标候选人中任意选择中标人。

什么是"双盲"评审？

"双盲"评审主要包括两个方面，一是评标专家实行"盲抽"，评标专家统一从专家库中随机抽取，如果不能保证随机抽取需要，可跨区域随机抽取专家，防止专家信息提前泄露；二是评标专家实行"盲评"，在不知晓投标人信息的情况下，评标专家对技术文件进行"暗标"评审，避免评标专家打人情分、关系分。"双盲"评审，是评标工作的一项制度性建设和改革，有利于评标工作的公平公正。"双盲"评审的具体要求如下：

一、改进招标和投标文件编制

(1)招标文件应要求投标文件必须分开编制商务文件和技术文件，对能明显区分投标人信息内容的，应放在商务文件里；将实施项目的技术措施和解决方案放在技术文件中，技术文件中不得出现涉及投标人名称及相关提示内容的信息。

(2)招标文件应明确技术文件必须遵守统一的格式和规定，投标文件中的页面大小、字体大小及颜色、行距、页边距、页眉、页脚等都要统一，不得出现招标文件要求以外的其他标识。

二、招标项目实行"盲评"

(1)系统将所有投标人的技术文件随机排序生成编号，并将编号推送给评标委员会各专家成员。

（2）评标委员会对技术文件进行符合性审查，凡是未按招标文件要求制作技术文件的，一律作投标无效处理。

（3）如果需要投标人对技术文件进行澄清，公共资源电子交易系统将对澄清证明材料的公章、签字等信息进行技术处理，但不得向评标委员会成员显示。

（4）在屏蔽投标人信息的情况下，评标委员会成员进行独立评审。由公共资源电子交易系统自动汇总得分情况，按规定程序确定中标候选人名单。

三、推行分散评审

（1）实现本地分散评审。在公共资源交易中心设立封闭评标区，系统随机为评标委员会成员分配评标室和评标席位，评审专家之间物理隔离，互不见面。确需讨论问题时，可采用遮脸、变声等技术，通过音视频系统进行沟通。

（2）加快推进远程异地评标。依托互联网信息技术，通过区域间评审场地、评审专家共享共用，使各地评审专家在不见面的情况下，在本地公共资源交易中心参加远程异地评审，从而杜绝"熟人圈子"和"打招呼"的可能。

第四部分
合　同

82 中标通知书发出后合同是否成立？

招标人发出中标通知书后，招标人与中标人未签订书面合同，合同是否成立？《招标投标法》第四十五条规定，中标人确定后，招标人应当向中标人发出中标通知书。中标通知书对招标人和中标人具有法律效力。《政府采购法》第四十六条规定，中标、成交通知书对采购人和中标、成交供应商均具有法律效力。关于中标通知书发出后的法律效力，主要有以下四种观点：一是中标通知书发出后合同尚未成立，需要由招标人和中标人签订书面合同后，合同成立并生效；二是中标通知书发出后，合同成立但未生效，需要由招标人和中标人签订书面合同后才生效；三是中标通知书发出时，招标人和中标人在要约和承诺方面已经达成一致，合同成立并生效；四是中标通知书发出后，合同成立并生效，但合同是预约合同，违反合同应承担预约合同的违约责任。

最高人民法院民事审判第一庭编著的《最高人民法院新建设工程施工合同司法解释（一）理解与适用》认为："招标人发出中标通知书后，即产生在招标人、中标人之间成立书面合同的效力。"最高人民法院在（2019）最高法民申2241号民事判决中明确："在招标活动中，当中标人确定，中标通知书到达中标人时，招标人与中标人之间以招标文件和投标文件为内容的合同已经成立。签订书面合同，只是对招标人与中标人之间业已成立合同关系的一种书面细化和确认，其目的是为了履约的方便以及对招投标进行行政管理的方便，不是合同成立的实质要件。"

因此，招标人发出中标通知书后，合同成立并生效，中标通知书对招标人和中标人具有法律效力。招标人改变中标结果的，或者中标人拒签合同的，都必须承担相应的法律责任。

83 中标合同是否可以改变实质性内容？

《招标投标法实施条例》第五十七条规定，招标人和中标人应当依照《招标投标法》和本条例的规定签订书面合同，合同的标的、价款、质量、履行期限等主要条款应当与招标文件和中标人的投标文件的内容一致。招标人和中标人不得再行订立背离合同实质性内容的其他协议。《政府采购法》第四十六条、第五十条规定，采购人与中标、成交供应商应当在中标、成交通知书发出之日起三十日内，按照采购文件确定的事项签订政府采购合同。政府采购合同的双方当事人不得擅自变更、中止或者终止合同。法律作出上述规定，是保证将招标投标和政府采购的结果能够具体落到实处，防止招标人和投标人订立改变合同实质性内容的其他协议，或者签订"阴阳合同"，影响公平竞争，损害国家、社会及公共利益。

如果双方由于某些原因订立了背离合同实质性内容的其他协议，怎么办？最高人民法院《关于审理建设工程施工合同纠纷案件适用法律问题的解释(一)》第二十二条规定："当事人签订的建设工程施工合同与招标文件、投标文件、中标通知书载明的工程范围、建设工期、工程质量、工程价款不一致，一方当事人请求将招标文件、投标文件、中标通知书作为结算工程价款的依据的，人民法院应予支持。"最高人民法院作出这样的规定，是为了维护《招标投标法》和《政府采购法》的权威性和严肃性。

当然，如果采购合同的履行将损害国家利益和社会公共利益，双方当事人应当变更、中止或者终止合同。在合同履约过程中，如果合同赖以存在的客观情况发生变化或发生不可抗力的情形，也是可以调整合同实质性内容的。《民法典》第五百三十三条规定："合同成立后，合同的基础条件发生了当事人在订立合同时无法预见的、不属于商业风险的重大变化，继续履行合同对于当事人一方明显不公平，受不利影响的当事人可以与对方重新协商；在合同期限内协商不成的，当事人可以请求人民法院或者仲裁机构变更或者解除合同。"由此可见，在履行合同时，发生了不可预见的情势变化，是可以调整合同实质性内容的。

84 审计结果作为结算依据符合法律规定吗？

在使用国有资金投资的工程建设项目中，工程竣工后，发承包双方对所完成的工程项目办理竣工结算。办理竣工结算以什么为依据？是以发承包双方签订的合同办理竣工结算，还是以审计结果办理竣工结算，在实践中产生了较大的争议。

2001年，最高人民法院《关于建设工程承包合同案件中双方当事人已确定的工程价款与审计部门的工程决算价款不一致时如何运用法律问题的电话答复意见》(2001民一他字第2号)指出："审计是国家对建设单位的一种行政监督，不影响建设单位与承建单位的合同效力，建设工程承包合同案件以当事人的约定作为法院判决的依据。只有在合同明确约定以审计结论作为结算依据或者合同约定不明确、合同约定无效的情况下，才能将审计结论作为判决的依据。"2017年2月国务院办公厅印发《关于促进建筑业持续健康发展的意见》(国办发〔2017〕19号)要求："审计机关应依法加强对以政府投资为主的公共工程建设项目的审计监督。建设单位不得将未完成审计作为延期工程结算、拖欠工程款的理由。"

2015年5月中国建筑业协会向全国人大常委会法工委报送《关于申请对规定"以审计结果作为建设工程竣工结算依据"的地方性法规进行立法审查的函》中阐明："如果通过审计发现确有对工程结算款高估冒算行为，甚至行贿受贿等犯罪行为，完全可以适用民法通则等民事法律规定中的撤销、无效等有关条款，或者按照相关法律移交法院审理。如果强制性地将第三方做出的审计结果，作为平等主体之间民事合同双方的最终结算依据，不仅不合理，也没有现行法律的支撑。"2017 年 6 月，全国人大常委会法工委《关于对地方性法规中以审计结果作为政府投资建设项目竣工结算依据有关规定提出的审查建议的复函》（法工备函〔2017〕22 号）对该函做出答复："地方性法规中直接以审计结果作为竣工结算依据和应当在招标文件中载明或在合同中约定以审计结果作为竣工结算依据的规定，限制了民事权利，超越了地方立法权限，应当予以纠正。"2020 年 9 月 1 日，国务院颁布施行《保障中小企业款项支付条例》（国务院令第 728 号）第十一条规定："机关、事业单位和大型企业不得强制要求以审计机关的审计结果作为结算依据，但合同另有约定或者法律、行政法规另有规定的除外。"

审计部门是各级人民政府依法设立履行审计监督职责的专门机构，对招标投标和政府采购的监督，出发点是为了保护国有资产不流失，监督资金的合理使用。对政府投资项目的审计主要是对预算编制与计划执行情况、合同履行与验收、资金的使用等情况进行检查。如果审计机关在监督检查过程中发现项目单位及有关人员有违法违规行为的，应当依纪依规并报有有关部门处理。

总之，合同双方当事人签订的合同是在平等基础上协商一致的民事行为，应当受到法律保护。如果使用国有资金和以政府投资为主的建设项目以审计结果作为结算依据和支付前提，而不是依据双方签订的合同作为结算和支付依据，不仅不合理而且也没有法律的支撑。

第五部分
异议、质疑和投诉

85 招标投标异议、投诉应怎么进行？

《招标投标法》第六十五条规定："投标人和其他利害关系人认为招标投标活动不符合本法有关规定的，有权向招标人提出异议或者依法向有关行政监督部门投诉。"《招标投标法实施条例》第二十二条、第四十四条、第五十四条规定，潜在投标人或者其他利害关系人对资格预审文件有异议的，应当在提交资格预审申请文件截止时间 2 日前提出；对招标文件有异议的，应当在投标截止时间 10 日前提出。招标人应当自收到异议之日起 3 日内作出答复；作出答复前，应当暂停招标投标活动。投标人对开标有异议的，应当在开标现场提出，招标人应当当场作出答复，并制作记录。投标人或者其他利害关系人对依法必须进行招标的项目的评标结果有异议的，应当在中标候选人公示期间提出。招标人应当自收到异议之日起 3 日内作出答复；作出答复前，应当暂停招标投标活动。因此，在招标投标过程中，对资格预审文件和招标文件、开标以及评标结果有异议的，投标人应当先向招标人提出异议，投标人对招标人答复不满意，或者招标人未在规定时间内作出答复的，可以在规定的时间内向行政监督部门投诉。

《招标投标法实施条例》第六十条、六十一条规定，投标人或者其他利害关系人认为招标投标活动不符合法律、行政法规的，可以自知道或者应当知道之日起 10 日内向有关行政监督部门投诉。投诉应当有明确的请求和必要的证明材料。投诉人就同一事项向两个以上有权受理的行政监督部门投诉的，由最先收到投诉的行政监督部门负责处理。行政监督部门应当自收到投诉之日起 3 个工作日内决定是否受理投诉，并自受理投诉之日起 30 个工作日内作出书面处理决定；需要检验、检测、鉴定、专家评审的，所需时间不计算在内。投诉人捏造事实、伪造材料，或者以非法手段获取证明材料进行投诉的，行政监督部门应当予以驳回。

86 政府采购质疑、投诉应怎么进行?

一、政府采购的质疑

《政府采购法》第五十二条规定:"供应商认为采购文件、采购过程和中标、成交结果使自己的权益受到损害的,可以在知道或者应当知道其权益受到损害之日起7个工作日内,以书面形式向采购人提出质疑。采购人、采购代理机构收到质疑函后,应及时进行审查,不得拒收质疑供应商在法定质疑期内发出的质疑函。采购人、采购代理机构可以组织原评标委员会、竞争性谈判小组、询价小组或者竞争性磋商小组协助答复质疑。采购人应当在收到质疑函后7个工作日作出书面答复。"

《政府采购质疑和投诉办法》(财政部令第94号)第十六条规定,采购人或代理机构认为供应商的质疑不成立,或成立但未对中标、成交结果构成影响的,继续进行采购活动;认为供应商质疑成立且影响或可能影响中标、成交结果的,按下列情况处理:

(1)对采购文件提出的质疑,依法通过澄清或修改可以继续开展采购活动的,澄清或修改采购文件后继续开展采购活动;否则应修改采购文件后重新开展采购活动。

(2)对采购过程、中标或成交结果提出的质疑,合格供应商符合法定数量时,可以从合格的中标或者成交候选人中另行确定中标、成交供应商的,应当依法另行确定中标、成交供应商;否则应当重新开展采购活动。

质疑答复导致中标、成交结果改变的，采购人或采购代理机构应将有关情况书面报告本级财政部门。

二、政府采购的投诉

质疑供应商对采购人、采购代理机构的答复不满意，或者采购人、采购代理机构未在规定时间内作出答复的，可以在答复期满后 15 个工作日内向本级财政部门提起投诉。财政部门自收到投诉之日起 30 个工作日内，对投诉事项作出处理决定。

《政府采购质疑和投诉办法》(财政部令第 94 号)第三十一条规定，投诉人对采购文件提起的投诉事项，财政部门经查证属实的，应当认定投诉事项成立。经认定成立的投诉事项不影响采购结果的，继续开展采购活动；影响或者可能影响采购结果的，财政部门按照下列情况处理：

(1)未确定中标或者成交供应商的，责令重新开展采购活动。

(2)已确定中标或者成交供应商但尚未签订政府采购合同的，认定中标或者成交结果无效，责令重新开展采购活动。

(3)政府采购合同已经签订但尚未履行的，应当撤销合同，责令重新开展采购活动。

(4)政府采购合同已经履行，给他人造成损失的，相关当事人可依法提起诉讼，由责任人承担赔偿责任。

根据《政府采购质疑和投诉办法》(财政部令第 94 号)第三十二条规定，投诉人对采购过程或采购结果提起的投诉事项，财政部门经查证属实的，应当认定投诉事项成立。经认定成立的投诉事项不影响采购结果的，继续开展采购活动；影响或者可能影响采购结果的，财政部门按照下列情况处理：

(1)未确定中标或者成交供应商的，责令重新开展采购活动；

(2)已确定中标或者成交供应商但尚未签订政府采购合同的，认定中标或者成交结果无效。合格供应商符合法定数量时，可以从合格的中标或者成交候选人中另行确定中标或者成交供应商的，应当要求采购人依法另行确定中标、成交供应商；否则责令重新开展采购活动。

(3)政府采购合同已经签订但尚未履行的，撤销合同。合格供应商符合法定数量时，可以从合格的中标或者成交候选人中另行确定中标或者成交供应商的，应当要求采购人依法另行确定中标、成交供应商；否则责令重新开展采购活动。

(4)政府采购合同已经履行，给他人造成损失的，相关当事人可依法提起诉讼，由责任人承担赔偿责任。

投诉人对废标行为提起的投诉事项成立的，财政部门应当认定废标行为无效。

投诉人对财政监督管理部门的投诉处理决定不服或者财政监督管理部门逾期未作处理的，可以依法申请行政复议或者向人民法院提起行政诉讼。

政府采购活动质疑、投诉的提出与答复怎样才符合规定？

一、质疑的提出与答复

根据《政府采购质疑和投诉办法》(财政部令第 94 号)有关规定，供应商认为采购文件、采购过程、中标或者成交结果使自己的权益受到损害的，可以在知道或者应当知其权益受到损害之日起 7 个工作日内，以书面形式向采购人、采购代理机构提出质疑。供应商提出质疑应当提交质疑函和必要的证明材料，质疑函应当包括以下内容：

(1)供应商的姓名或者名称、地址、邮编、联系人及联系电话；

(2)质疑项目的名称、编号；

(3)具体、明确的质疑事项和与质疑事项相关的请求；

(4)事实依据；

(5)必要的法律依据；

(6)提出质疑的日期。

供应商为自然人的，应当由本人签字；供应商为法人或者其他组织的，应当由法定代表人、主要负责人或者其授权代表签字或者盖章，并加盖公章。

采购人、采购代理机构不得拒收质疑供应商在法定质疑期内发出的质疑函，应当在收到质疑函后 7 个工作日内作出答复。供应商对评审过程、中标或者成交结果提出质疑的，采购人、采购代理机构可以组织原评标委员会、竞争性谈判小组、询价小组或者竞争性磋商小组协助答复质疑。质疑答复应当包括下列内容：

（1）质疑供应商的姓名或者名称；

（2）收到质疑函的日期、质疑项目名称及编号；

（3）质疑事项、质疑答复的具体内容、事实依据和法律依据；

（4）告知质疑供应商依法投诉的权利；

（5）质疑答复人名称；

（6）答复质疑的日期。

质疑答复的内容不得涉及商业秘密。

二、投诉的提出和答复

质疑供应商对采购人、采购代理机构的答复不满意，或者采购人、采购代理机构未在规定时间内作出答复的，可以在答复期满后 15 个工作日内向本级财政部门提起投诉。投诉人投诉时，应当提交投诉书和必要的证明材料，投诉书应当包括下列内容：

（1）投诉人和被投诉人的姓名或者名称、通信地址、邮编、联系人及联系电话；

（2）质疑和质疑答复情况说明及相关证明材料；

（3）具体、明确的投诉事项和与投诉事项相关的投诉请求；

（4）事实依据；

（5）法律依据；

（6）提起投诉的日期。

投诉人为自然人的，应当由本人签字；投诉人为法人或者其他组织的，应当由法定代表人、主要负责人，或者其授权代表签字或者盖章，并加盖公章。

财政部门收到投诉书后，应当在 5 个工作日内进行审查。财政部门认为有必要时，可以进行调查取证或者组织质证。可以委托相关单位或者第三方开展调查取证、检验、检测和鉴定工作。财政部门依法进行调查取证时，投诉人、被投诉人以及与投诉事项有关的单位及人员应当如实反映情况，并提供财政部门所需的相关材料。应当由投诉人承担举证责任的投诉事项，投诉人未提供相关证据、依据和其他有关材料的，视为该投诉事项不成立；被投诉人未按照投诉答复通知书要求提交相关证据、依据和其他有关材料的，视同其放弃说明的权利，依法承担不利后果。

财政部门应当自收到投诉之日起 30 个工作日内，对投诉事项作出处理决定。财政部门作出处理决定时，应当制作投诉处理决定书，并加盖公章。投诉处理决定书应当包括下列内容：

(1)投诉人和被投诉人的姓名或者名称、通信地址等；

(2)处理决定查明的事实和相关依据，具体处理决定和法律依据；

(3)告知相关当事人申请行政复议的权利、行政复议机关和行政复议申请期限，以及提起行政诉讼的权利和起诉期限；

(4)作出处理决定的日期。

财政部门应当将投诉处理决定书送达投诉人和与投诉事项有关的当事人，并及时将投诉处理结果在省级以上财政部门指定的政府采购信息发布媒体上公告。

88 投诉是否需要履行异议或质疑的前置程序?

在招标投标和政府采购活动中，遇到不公平、不公正的事项，投标人和质疑供应商可以进行异议或质疑、投诉。

一、投诉需要履行异议或质疑前置程序的情形

什么事项投诉需要履行异议的前置程序呢?《招标投标法实施条例》第二十二条、第四十四条、第五十四条规定，潜在投标人或者其他利害关系人对资格预审文件有异议的，应当在提交资格预审申请文件截止时间 2 日前提出;对招标文件有异议的，应当在投标截止时间 10 日前提出。招标人应当自收到异议之日起 3 日内作出答复。投标人对开标有异议的，应当在开标现场提出，招标人应当当场作出答复，并制作记录。投标人或者其他利害关系人对依法必须进行招标的项目的评标结果有异议的，应当在中标候选人公示期间提出。招标人应当自收到异议之日起 3 日内作出答复。在招标投标过程中，对这三类事项在程序上有一个条件，就是应当先向招标人提出异议，对异议处理结果不满意或者招标人未在规定时间内对异议作出答复的，投诉人才可以向行政监督部门投诉。

《政府采购质疑和投诉办法》(财政部令第 94 号)第十九条规定:"提起投诉前已依法进行质疑。"因此，政府采购活动中如果要进行投诉，都需要履行质疑的前置程序。《政府采购法》第五十二条规定，供应商认为采购文件、采购过程和中标、成交结果使自己的权益受到损害的，可以在知道或

者应当知道其权益受到损害之日起 7 个工作日内，以书面形式向采购人提出质疑。对这些事项，供应商应先向采购人提出质疑，对质疑答复不满意或者采购人未在规定时间内作出答复的，可以向本级政府采购监督部门投诉。投诉人对政府采购监督部门投诉处理决定不服或者政府采购监督部门逾期未作答复的，可以依法申请行政复议或者向人民法院提起行政诉讼。

在招标投标和政府采购活动中，对一些事项提起投诉前应当依法进行异议或质疑。否则，行政监督部门可以不予受理。如果行政监督部门违反规定受理，属程序违法，其作出的行政决定无效。

二、投诉可以不履行异议前置程序的情形

异议作为投诉的前置程序，其适用范围是有条件的。除了招标投标活动对资格预审文件和招标文件、开标以及评标结果这三类事项之外，投标人认为招标投标过程中有不符合法律和有关规定的，可以直接向有关行政监督部门投诉，无须履行异议的前置程序。《招标投标法实施条例》第六十条规定："投标人或者其他利害关系人认为招标投标活动不符合法律、行政法规规定的，可以自知道或者应当知道之日起 10 日内向有关行政监督部门投诉。投诉应当提供明确的请求和必要的证明材料。"

第六部分
法律责任

89

招标人（采购人）违法行为应承担什么法律责任？

一、《招标投标法》规定的招标人违法行为承担的法律责任

第四十九条 违反本法规定，必须进行招标的项目而不招标的，将必须进行招标的项目化整为零或者以其他任何方式规避招标的，责令限期改正，可以处项目合同金额千分之五以上千分之十以下的罚款；对全部或者部分使用国有资金的项目，可以暂停项目执行或者暂停资金拨付；对单位直接负责的主管人员和其他直接责任人员依法给予处分。

第五十一条 招标人以不合理的条件限制或者排斥潜在投标人的，对潜在投标人实行歧视待遇的，强制要求投标人组成联合体共同投标的，或者限制投标人之间竞争的，责令改正，可以处一万元以上五万元以下的罚款。

第五十二条 依法必须进行招标的项目的招标人向他人透露已获取招标文件的潜在投标人的名称、数量或者可能影响公平竞争的有关招标投标的其他情况的，或者泄露标底的，给予警告，可以并处一万元以上十万元以下的罚款；对单位直接负责的主管人员和其他直接责任人员依法给予处分；构成犯罪的，依法追究刑事责任。

第五十五条 依法必须进行招标的项目，招标人违反本法规定，与投标人就投标价格、投标方案等实质性内容进行谈判的，给予警告，对单位直接负责的主管人员和其他直接责任人员依法给予处分。

第五十七条 招标人在评标委员会依法推荐的中标候选人以外确定中标人的，依法必须进行招标的项目在所有投标被评标委员会否决后自行确定中标人的，中标无效，责令改正，可以处中标项目金额千分之五以上千分之十以下的罚款；对单位直接负责的主管人员和其他直接责任人员依法给予处分。

第五十九条 招标人与中标人不按照招标文件和中标人的投标文件订立合同的，或者招标人、中标人订立背离合同实质性内容的协议的，责令改正；可以处中标项目金额千分之五以上千分之十以下的罚款。因不可抗力不能履行合同的，不适用前款规定。

二、《招标投标法实施条例》规定的招标人违法行为承担的法律责任

第六十四条 招标人有下列情形之一的，由有关行政监督部门责令改正，可以处10万元以下的罚款：

(1)依法应当公开招标而采用邀请招标；

(2)招标文件、资格预审文件的发售、澄清、修改的时限，或者确定的提交资格预审申请文件、投标文件的时限不符合《招标投标法》和本条例规定；

(3)接受未通过资格预审的单位或者个人参加投标；

(4)接受应当拒收的投标文件。

招标人有前款第(1)项、第(3)项、第(4)项所列行为之一的，对单位直接负责的主管人员和其他直接责任人员依法给予处分。

第六十六条 招标人超过本条例规定的比例收取投标保证金、履约保证金或者不按照规定退还投标保证金及银行同期存款利息的，由有关行政监督部门责令改正，可以处5万元以下的罚款；给他人造成损失的，依法承担赔偿责任。

第七十条 依法必须进行招标的项目的招标人不按照规定组建评标委员会，或者确定、更换评标委员会成员违反《招标投标法》和本条例规定的，

由有关行政监督部门责令改正，可以处 10 万元以下的罚款，对单位直接负责的主管人员和其他直接责任人员依法给予处分；违法确定或者更换的评标委员会成员作出的评审结论无效，依法重新进行评审。

第七十五条 招标人和中标人不按照招标文件和中标人的投标文件订立合同，合同的主要条款与招标文件、中标人的投标文件的内容不一致，或者招标人、中标人订立背离合同实质性内容的协议的，由有关行政监督部门责令改正，可以处中标项目金额 5‰以上 10‰以下的罚款。

第八十一条 依法必须进行招标的项目的招标投标活动违反《招标投标法》和本条例的规定，对中标结果造成实质性影响，且不能采取补救措施予以纠正的，招标、投标、中标无效，应当依法重新招标或者评标。

三、《政府采购法》规定的采购人违法行为承担的法律责任

第七十一条 采购人、采购代理机构有下列情形之一的，责令限期改正，给予警告，可以并处罚款，对直接负责的主管人员和其他直接责任人员，由其行政主管部门或者有关机关给予处分，并予通报：

(1)应当采用公开招标方式而擅自采用其他方式采购的；

(2)擅自提高采购标准的；

(3)委托不具备政府采购业务代理资格的机构办理采购事务的；

(4)以不合理的条件对供应商实行差别待遇或者歧视待遇的；

(5)在招标采购过程中与投标人进行协商谈判的；

(6)中标、成交通知书发出后不与中标、成交供应商签订采购合同的；

(7)拒绝有关部门依法实施监督检查的。

第七十二条 采购人、采购代理机构及其工作人员有下列情形之一，构成犯罪的，依法追究刑事责任；尚不构成犯罪的，处以罚款，有违法所得的，并处没收违法所得，属于国家机关工作人员的，依法给予行政处分：

(1)与供应商或者采购代理机构恶意串通的；

(2)在采购过程中接受贿赂或者获取其他不正当利益的；

(3)在有关部门依法实施的监督检查中提供虚假情况的；

（4）开标前泄露标底的。

第七十四条　采购人对应当实行集中采购的政府采购项目，不委托集中采购机构实行集中采购的，由政府采购监督管理部门责令改正；拒不改正的，停止按预算向其支付资金，由其上级行政主管部门或者有关机关依法给予其直接负责的主管人员和其他直接责任人员处分。

第七十六条　采购人、采购代理机构违反本法规定隐匿、销毁应当保存的采购文件或者伪造、变造采购文件的，由政府采购监督管理部门处以二万元以上十万元以下的罚款，对其直接负责的主管人员和其他直接责任人员依法给予处分；构成犯罪的，依法追究刑事责任。

四、《政府采购法实施条例》规定的采购人违法行为承担的法律责任

第六十七条　采购人有下列情形之一的，由财政部门责令限期改正，给予警告，对直接负责的主管人员和其他直接责任人员依法给予处分，并予以通报：

（1）未按照规定编制政府采购实施计划或者未按照规定将政府采购实施计划报本级人民政府财政部门备案；

（2）将应当进行公开招标的项目化整为零或者以其他任何方式规避公开招标；

（3）未按照规定在评标委员会、竞争性谈判小组或者询价小组推荐的中标或者成交候选人中确定中标或者成交供应商；

（4）未按照采购文件确定的事项签订政府采购合同；

（5）政府采购合同履行中追加与合同标的相同的货物、工程或者服务的采购金额超过原合同采购金额10%；

（6）擅自变更、中止或者终止政府采购合同；

（7）未按照规定公告政府采购合同；

（8）未按照规定时间将政府采购合同副本报本级人民政府财政部门和有关部门备案。

第六十八条　采购人、采购代理机构有下列情形之一的，依照《政府采购法》第七十一条、第七十八条的规定追究法律责任：

（1）未依照《政府采购法》和本条例规定的方式实施采购；

（2）未依法在指定的媒体上发布政府采购项目信息；

（3）未按照规定执行政府采购政策；

（4）违反本条例第十五条的规定导致无法组织对供应商履约情况进行验收或者国家财产遭受损失；

（5）未依法从政府采购评审专家库中抽取评审专家；

（6）非法干预采购评审活动；

（7）采用综合评分法时评审标准中的分值设置未与评审因素的量化指标相对应；

（8）对供应商的询问、质疑逾期未作处理；

（9）通过对样品进行检测、对供应商进行考察等方式改变评审结果；

（10）未按照规定组织对供应商履约情况进行验收。

五、《政府采购货物和服务招标投标管理办法》（财政部令87号）规定的采购人违法行为应承担的法律责任

第七十七条　采购人有下列情形之一的，由财政部门责令限期改正；情节严重的，给予警告，对直接负责的主管人员和其他直接责任人员由其行政主管部门或者有关机关依法给予处分，并予以通报；涉嫌犯罪的，移送司法机关处理：

（1）未按照本办法的规定编制采购需求的；

（2）违反本办法第六条第二款规定的；

（3）未在规定时间内确定中标人的；

（4）向中标人提出不合理要求作为签订合同条件的。

第七十八条　采购人、采购代理机构有下列情形之一的，由财政部门责令限期改正，情节严重的，给予警告，对直接负责的主管人员和其他直接责任人员，由其行政主管部门或者有关机关给予处分，并予通报；采购

代理机构有违法所得的，没收违法所得，并可以处以不超过违法所得 3 倍、最高不超过 3 万元的罚款，没有违法所得的，可以处以 1 万元以下的罚款：

（1）违反本办法第八条第二款规定的；

（2）设定最低限价的；

（3）未按照规定进行资格预审或者资格审查的；

（4）违反本办法规定确定招标文件售价的；

（5）未按规定对开标、评标活动进行全程录音录像的；

（6）擅自终止招标活动的；

（7）未按照规定进行开标和组织评标的；

（8）未按照规定退还投标保证金的；

（9）违反本办法规定进行重新评审或者重新组建评标委员会进行评标的；

（10）开标前泄露已获取招标文件的潜在投标人的名称、数量或者其他可能影响公平竞争的有关招标投标情况的；

（11）未妥善保存采购文件的；

（12）其他违反本办法规定的情形。

六、《政府采购非招标采购方式管理办法》（财政部令第 74 号）规定的采购人违法行为应承担的法律责任

第五十一条　采购人、采购代理机构有下列情形之一的，责令限期改正，给予警告；有关法律、行政法规规定处以罚款的，并处罚款；涉嫌犯罪，依法移送司法机关处理：

（1）未按照本办法规定在指定媒体上发布政府采购信息的；

（2）未按照本办法规定组成谈判小组、询价小组的；

（3）在询价采购过程中与供应商进行协商谈判的；

（4）未按照《政府采购法》和本办法规定的程序和要求确定成交候选人的；

（5）泄露评审情况以及评审过程中获悉的国家秘密、商业秘密的。

采购代理机构有前款情形之一，情节严重的，暂停其政府采购代理机构资格 3 至 6 个月；情节特别严重或者逾期不改正的，取消其政府采购代理机构资格。

第五十二条　采购人有下列情形之一的，责令限期改正，给予警告；有关法律、行政法规规定处以罚款的，并处罚款：

（1）未按照《政府采购法》和本办法的规定采用非招标采购方式的；

（2）未按照《政府采购法》和本办法的规定确定成交供应商的；

（3）未按照采购文件确定的事项签订政府采购合同，或者与成交供应商另行订立背离合同实质性内容的协议的；

（4）未按规定将政府采购合同副本报本级财政部门备案的。

禁止限制、排斥投标人（供应商）的情形及法律责任是什么？

一、禁止限制、排斥投标人（供应商）的情形

《招标投标法》第六条规定，依法必须进行招标的项目，其招标投标活动不受地区和部门的限制。任何单位和个人不得违法限制或者排斥本地区、本系统以外的法人或者其他组织参加投标，不得以任何方式非法干涉招标投标活动。

《招标投标法实施条例》第三十二条规定，招标人不得以不合理的条件限制、排斥潜在投标人或者投标人。招标人有下列行为之一的，属于以不合理条件限制、排斥潜在投标人或者投标人：

（1）就同一招标项目向潜在投标人或者投标人提供有差别的项目信息；

（2）设定资格、技术、商务条件与招标项目的具体特点和实际需要不相适应或者与合同履行无关；

（3）依法必须进行招标的项目以特定行政区域或者特定行业的业绩、奖项作为加分条件或者中标条件；

（4）对潜在投标人或者投标人采取不同的资格审查或者评标标准；

（5）限定或者指定特定的专利、商标、品牌、原产地或者供应商；

（6）依法必须进行招标的项目，非法限定潜在投标人或者投标人的所有制形式或者组织形式；

（7）以其他不合理条件限制、排斥潜在投标人或者投标人。

《政府采购法实施条例》第二十条规定，采购人或者采购代理机构有下列情形之一的，属于以不合理的条件对供应商实行差别待遇或者歧视待遇：

（1）就同一采购项目向供应商提供有差别的项目信息；

（2）设定的资格、技术、商务条件与采购项目的具体特点和实际需要不相适应或者与合同履行无关；

（3）采购需求中的技术、服务等要求指向特定供应商、特定产品；

（4）以特定行政区域或者特定行业的业绩、奖项作为加分条件或者中标、成交条件；

（5）对供应商采取不同的资格审查或者评审标准；

（6）限定或者指定特定的专利、商标、品牌或者供应商；

（7）非法限定供应商的所有制形式、组织形式或者所在地；

（8）以其他不合理条件限制或者排斥潜在供应商。

《优化营商环境条例》（国务院令第 722 号）第十三条规定，招标投标和政府采购应当公开透明、公平公正，依法平等对待各类所有制和不同地区的市场主体，不得以不合理条件或者产品产地来源等进行限制或者排斥。

《住房和城乡建设部办公厅关于支持民营建筑企业发展的通知》（建办市〔2019〕8 号）规定，为促进企业公平竞争，民营建筑企业在注册地以外的地区承揽业务时，地方各级住房和城乡建设主管部门要给予外地民营建筑企业与本地建筑企业同等待遇，不得擅自设置任何审批和备案事项，不得要求民营建筑企业在本地区注册设立独立子公司或分公司。

二、禁止限制、排斥投标人（供应商）的法律责任

《招标投标法》第五十一条规定，招标人以不合理的条件限制或者排斥潜在投标人的，对潜在投标人实行歧视待遇的，强制要求投标人组成联合体共同投标的，或者限制投标人之间竞争的，责令改正，可以处一万元以上五万元以下的罚款。

《招标投标法实施条例》第六十三条规定，招标人有下列限制或者排斥潜在投标人行为之一的，由有关行政监督部门依照《招标投标法》第五十一

条的规定处罚：

（1）依法应当公开招标的项目不按照规定在指定媒介发布资格预审公告或者招标公告；

（2）在不同媒介发布的同一招标项目的资格预审公告或者招标公告的内容不一致，影响潜在投标人申请资格预审或者投标。

依法必须进行招标的项目的招标人不按照规定发布资格预审公告或者招标公告，构成规避招标的，依照《招标投标法》第四十九条的规定处罚。

《政府采购法》第八十三条　任何单位或者个人阻挠和限制供应商进入本地区或者本行业政府采购市场的，责令限期改正；拒不改正的，由该单位、个人的上级行政主管部门或者有关机关给予单位责任人或者个人处分。

91 | 采购方式适用法律错误，采购人会受到什么处罚？

2022 年 8 月，招标人某生物研究所(中央预算单位)对全自动微生物鉴定分析系统采购项目进行公开招标。招标资金来自财政，出资比例为国有资金 100%，招标控制价 180 万元。

中标候选人公示期间，一家投标人对项目采用公开招标方式采购向招标人进行质疑，认为该项目属政府采购的货物项目，不应采用招标投标的公开招标方式，而应采用政府采购方式进行采购。招标人答复，全自动微生物鉴定分析系统项目不在集中采购目录内，不属政府采购，可自行采购。投标人对招标人的答复不满意，又向财政部投诉。

财政部调查后认为，该生物研究所为中央预算单位，项目使用财政资金，虽然项目不在集中采购目录内，但在采购限额标准以上，属于政府采购范畴。《政府采购法》第二条规定："各级国家机关、事业单位和团体组织，使用财政性资金采购依法制定的集中采购目录以内的或者采购限额标准以上的货物、工程和服务，属于政府采购。"《中央预算单位政府集中采购目录及标准(2020 年版)》规定："各部门自行采购单项或批量金额达到 100 万元以上的货物和服务的项目，应按《政府采购法》有关规定执行。"该项目 180 万元在采购限额标准以上，采购人应按政府采购规定的采购方式和采购程序进行。该项目采用招标投标的公开招标方式，属于适用法律错误。

财政部认定，该生物研究所的行为违反了《政府采购法》第二条、第六十四条第一款以及《政府采购货物和服务招标投标管理办法》(财政部令第

87号)的有关规定。根据《政府采购法》第七十一条和《政府采购法实施条例》第六十八条第(一)项的规定,对该生物研究所做出警告的行政处罚。

　　《招标投标法》和《政府采购法》属公共采购领域的两部重要法律,必须严格遵守和执行。但在实践中经常出现采购方式混淆或者用错等问题,如何避免类似的问题? 这就要求强化招标人和采购人的主体责任,提高从业人员的基本素质,掌握两部法律的基本内容及适用范围,才会做出不违规违法的事来。

92

投标人（供应商）违法行为应承担什么法律责任？

一、《招标投标法》规定的投标人违法行为承担的法律责任

第五十三条　投标人相互串通投标或者与招标人串通投标的，投标人以向招标人或者评标委员会成员行贿的手段谋取中标的，中标无效，处中标项目金额千分之五以上千分之十以下的罚款，对单位直接负责的主管人员和其他直接责任人员处单位罚款数额百分之五以上百分之十以下的罚款；有违法所得的，并处没收违法所得；情节严重的，取消其一年至二年内参加依法必须进行招标的项目的投标资格并予以公告，直至由工商行政管理机关吊销营业执照；构成犯罪的，依法追究刑事责任。给他人造成损失的，依法承担赔偿责任。

第五十四条　投标人以他人名义投标或者以其他方式弄虚作假，骗取中标的，中标无效，给招标人造成损失的，依法承担赔偿责任；构成犯罪的，依法追究刑事责任。依法必须进行招标的项目的投标人有前款所列行为尚未构成犯罪的，处中标项目金额千分之五以上千分之十以下的罚款，对单位直接负责的主管人员和其他直接责任人员处单位罚款数额百分之五以上百分之十以下的罚款；有违法所得的，并处没收违法所得；情节严重的，取消其一年至三年内参加依法必须进行招标的项目的投标资格并予以公告，直至由工商行政管理机关吊销营业执照。

二、《招标投标法实施条例》规定的投标人违法行为承担的法律责任

第六十八条 投标人以他人名义投标或者以其他方式弄虚作假骗取中标的，中标无效；构成犯罪的，依法追究刑事责任；尚不构成犯罪的，依照《招标投标法》第五十四条的规定处罚。依法必须进行招标的项目的投标人未中标的，对单位的罚款金额按照招标项目合同金额依照《招标投标法》规定的比例计算。

投标人有下列行为之一的，属于《招标投标法》第五十四条规定的情节严重行为，由有关行政监督部门取消其1年至3年内参加依法必须进行招标的项目的投标资格：

(1)伪造、变造资格、资质证书或者其他许可证件骗取中标；

(2)3年内2次以上使用他人名义投标；

(3)弄虚作假骗取中标给招标人造成直接经济损失30万元以上；

(4)其他弄虚作假骗取中标情节严重的行为。

投标人自本条第二款规定的处罚执行期限届满之日起3年内又有该款所列违法行为之一的，或者弄虚作假骗取中标情节特别严重的，由工商行政管理机关吊销营业执照。

第六十九条 出让或者出租资格、资质证书供他人投标的，依照法律、行政法规的规定给予行政处罚；构成犯罪的，依法追究刑事责任。

第七十七条 投标人或者其他利害关系人捏造事实、伪造材料或者以非法手段取得证明材料进行投诉，给他人造成损失的，依法承担赔偿责任。

三、《政府采购法》规定的供应商违法行为承担的法律责任

第七十七条 供应商有下列情形之一的，处以采购金额千分之五以上千分之十以下的罚款，列入不良行为记录名单，在一至三年内禁止参加政府采购活动，有违法所得的，并处没收违法所得，情节严重的，由工商行政管理机关吊销营业执照；构成犯罪的，依法追究刑事责任：

（1）提供虚假材料谋取中标、成交的；

（2）采取不正当手段诋毁、排挤其他供应商的；

（3）与采购人、其他供应商或者采购代理机构恶意串通的；

（4）向采购人、采购代理机构行贿或者提供其他不正当利益的；

（5）在招标采购过程中与采购人进行协商谈判的；

（6）拒绝有关部门监督检查或者提供虚假情况的。

供应商有前款第（1）至（5）项情形之一的，中标、成交无效。

四、《政府采购法实施条例》规定的供应商违法行为承担的法律责任

第七十二条 供应商有下列情形之一的，依照《政府采购法》第七十七条第一款的规定追究法律责任：

（1）向评标委员会、竞争性谈判小组或者询价小组成员行贿或者提供其他不正当利益；

（2）中标或者成交后无正当理由拒不与采购人签订政府采购合同；

（3）未按照采购文件确定的事项签订政府采购合同；

（4）将政府采购合同转包；

（5）提供假冒伪劣产品；

（6）擅自变更、中止或者终止政府采购合同。

供应商有前款第一项规定情形的，中标、成交无效。评审阶段资格发生变化，供应商未依照本条例第二十一条的规定通知采购人和采购代理机构的，处以采购金额5‰的罚款，列入不良行为记录名单，中标、成交无效。

第七十三条 供应商捏造事实、提供虚假材料或者以非法手段取得证明材料进行投诉的，由财政部门列入不良行为记录名单，禁止其1至3年内参加政府采购活动。

第七十四条 有下列情形之一的，属于恶意串通，对供应商依照《政府采购法》第七十七条第一款的规定追究法律责任，对采购人、采购代理机构

及其工作人员依照《政府采购法》第七十二条的规定追究法律责任：

（1）供应商直接或者间接从采购人或者采购代理机构处获得其他供应商的相关情况并修改其投标文件或者响应文件；

（2）供应商按照采购人或者采购代理机构的授意撤换、修改投标文件或者响应文件；

（3）供应商之间协商报价、技术方案等投标文件或者响应文件的实质性内容；

（4）属于同一集团、协会、商会等组织成员的供应商按照该组织要求协同参加政府采购活动；

（5）供应商之间事先约定由某一特定供应商中标、成交；

（6）供应商之间商定部分供应商放弃参加政府采购活动或者放弃中标、成交；

（7）供应商与采购人或者采购代理机构之间、供应商相互之间，为谋求特定供应商中标、成交或者排斥其他供应商的其他串通行为。

提供虚假材料谋取中标应承担什么法律责任？

一、提供虚假材料谋取中标的情形

提供虚假材料投标，一般指投标人(供应商)提供虚假的证明材料，谋取中标、成交的行为。无论投标人(供应商)是否达到中标、成交的目的，都不影响对投标人(供应商)弄虚作假行为的认定。投标人(供应商)提供虚假材料的表现形式主要有哪些呢？《招标投标法实施条例》第四十二条规定，使用通过受让或者租借等方式获取的资格、资质证书投标的，属于《招标投标法》第三十三条规定的以他人名义投标。投标人有下列情形之一的，属于《招标投标法》第三十三条规定的以其他方式弄虚作假的行为：

(1)使用伪造、变造的许可证件；

(2)提供虚假的财务状况或者业绩；

(3)提供虚假的项目负责人或者主要技术人员简历、劳动关系证明；

(4)提供虚假的信用状况；

(5)其他弄虚作假行为。

为什么投标人(供应商)提供虚假材料谋取中标的顽疾屡禁不止，这主要有两方面原因：一方面是投标人(供应商)缺乏诚信意识、法律意识，如果不造假，难以中标，与心存侥幸有关；另一方面，招标人(采购人)在编制招标文件(采购文件)时，没有尽到专业审慎责任，脱离项目实际需求设置一些过多过高的业绩、证书、奖项等要求，人为抬高投标人(供应商)的竞争成本，逼迫投标人（供应商）造假。

二、提供虚假材料谋取中标的法律责任

《招标投标法》第五十四条规定，投标人以他人名义投标或者以其他方式弄虚作假，骗取中标的，中标无效，给招标人造成损失的，依法承担赔偿责任；构成犯罪的，依法追究刑事责任。依法必须进行招标的项目的投标人有前款所列行为尚未构成犯罪的，处中标项目金额千分之五以上千分之十以下的罚款，对单位直接负责的主管人员和其他直接责任人员处单位罚款数额百分之五以上百分之十以下的罚款；有违法所得的，并处没收违法所得；情节严重的，取消其一年至三年内参加依法必须进行招标的项目的投标资格并予以公告，直至由工商行政管理机关吊销营业执照。

《招标投标法实施条例》第六十八条规定，投标人以他人名义投标或者以其他方式弄虚作假骗取中标的，中标无效；构成犯罪的，依法追究刑事责任；尚不构成犯罪的，依照《招标投标法》第五十四条的规定处罚。依法必须进行招标的项目的投标人未中标的，对单位的罚款金额按照招标项目合同金额依照《招标投标法》规定的比例计算。

投标人有下列行为之一的，属于《招标投标法》第五十四条规定的情节严重行为，由有关行政监督部门取消其 1 年至 3 年内参加依法必须进行招标的项目的投标资格：

（1）伪造、变造资格、资质证书或者其他许可证件骗取中标；

（2）3 年内 2 次以上使用他人名义投标；

（3）弄虚作假骗取中标给招标人造成直接经济损失 30 万元以上；

（4）其他弄虚作假骗取中标情节严重的行为。

投标人自本条第二款规定的处罚执行期限届满之日起 3 年内又有该款所列违法行为之一的，或者弄虚作假骗取中标情节特别严重的，由工商行政管理机关吊销营业执照。

《政府采购法》第七十七条规定，对提供虚假材料谋取中标、成交的，处以采购金额千分之五以上千分之十以下的罚款，列入不良行为记录名单，

在一至三年内禁止参加政府采购活动，有违法所得的，并处没收违法所得，情节严重的，由工商行政管理机关吊销营业执照；构成犯罪的，依法追究刑事责任。

《政府采购法实施条例》第七十三条规定，供应商捏造事实、提供虚假材料或者以非法手段取得证明材料进行投诉的，由财政部门列入不良行为记录名单，禁止其1至3年内参加政府采购活动。

94 串通投标的判定及法律责任是什么？

一、串通投标的判定

《招标投标法》第三十二条规定，投标人不得相互串通投标报价，不得排挤其他投标人的公平竞争，损害投标人或者其他投标人的合法权益。投标人不得与招标人串通投标，损害国家利益、社会公共利益或者他人的合法权益。

《招标投标法实施条例》第三十九条规定，禁止投标人相互串通投标。有下列情形之一的，属于投标人相互串通投标：

（1）投标人之间协商投标报价等投标文件的实质性内容；

（2）投标人之间约定中标人；

（3）投标人之间约定部分投标人放弃投标或者中标；

（4）属于同一集团、协会、商会等组织成员的投标人按照该组织要求协同投标；

（5）投标人之间为谋取中标或者排斥特定投标人而采取的其他联合行动。

《招标投标法实施条例》第四十条规定，有下列情形之一的，视为投标人相互串通投标：

（1）不同投标人的投标文件由同一单位或者个人编制；

（2）不同投标人委托同一单位或者个人办理投标事宜；

（3）不同投标人的投标文件载明的项目管理成员为同一人；

（4）不同投标人的投标文件异常一致或者投标报价呈规律性差异；

（5）不同投标人的投标文件相互混装；

（6）不同投标人的投标保证金从同一单位或者个人的账户转出。

《招标投标法实施条例》第四十一条规定，禁止招标人与投标人串通投标。有下列情形之一的，属于招标人与投标人串通投标：

（1）招标人在开标前开启投标文件并将有关信息泄露给其他投标人；

（2）招标人直接或者间接向投标人泄露标底、评标委员会成员等信息；

（3）招标人明示或者暗示投标人压低或者抬高投标报价；

（4）招标人授意投标人撤换、修改投标文件；

（5）招标人明示或者暗示投标人为特定投标人中标提供方便；

（6）招标人与投标人为谋求特定投标人中标而采取的其他串通行为。

《政府采购法实施条例》第七十四条规定，有下列情形之一的，属于恶意串通，对供应商依照《政府采购法》第七十七条第一款的规定追究法律责任，对采购人、采购代理机构及其工作人员依照《政府采购法》第七十二条的规定追究法律责任：

（1）供应商直接或者间接从采购人或者采购代理机构处获得其他供应商的相关情况并修改其投标文件或者响应文件；

（2）供应商按照采购人或者采购代理机构的授意撤换、修改投标文件或者响应文件；

（3）供应商之间协商报价、技术方案等投标文件或者响应文件的实质性内容；

（4）属于同一集团、协会、商会等组织成员的供应商按照该组织要求协同参加政府采购活动；

（5）供应商之间事先约定由某一特定供应商中标、成交；

（6）供应商之间商定部分供应商放弃参加政府采购活动或者放弃中标、成交；

（7）供应商与采购人或者采购代理机构之间、供应商相互之间，为谋求特定供应商中标、成交或者排斥其他供应商的其他串通行为。

二、串通投标的法律责任

《招标投标法》第五十三条规定，投标人相互串通投标或者与招标人串通投标的，投标人以向招标人或者评标委员会成员行贿的手段谋求中标，中标无效，处中标项目金额千分之五以上千分之十以下的罚款，对单位直接负责的主管人员和其他直接责任人员处单位罚款数额百分之五以上百分之十以下的罚款；有违法所得的，并处没收违法所得；情节严重的，取消其一年至二年内参加依法必须进行招标的项目的投标资格并予以公告，直至由工商行政管理机关吊销营业执照；构成犯罪的，依法追究刑事责任。给他人造成损失的，依法承担赔偿责任。

《招标投标法实施条例》第六十七条规定，投标人相互串通投标或者与招标人串通投标的，投标人向招标人或者评标委员会成员行贿谋取中标的，中标无效；构成犯罪的，依法追究刑事责任；尚不构成犯罪的，依照《招标投标法》第五十三条的规定处罚。投标人未中标的，对单位的罚款金额按照招标项目合同金额依照《招标投标法》规定的比例计算。

投标人有下列行为之一的，属于《招标投标法》第五十三条规定的情节严重行为，由有关行政监督部门取消其 1 至 2 年内参加依法必须进行招标的项目的投标资格：

(1)以行贿谋取中标；

(2)3 年内 2 次以上串通投标；

(3)串通投标行为损害招标人、其他投标人或者国家、集体、公民的合法利益，造成直接经济损失 30 万元以上；

(4)其他串通投标情节严重的行为。

投标人自本条第二款规定的处罚执行期限届满之日起 3 年内又有该款所列违法行为之一的，或者串通投标、以行贿谋取中标情节特别严重的，由工商行政管理机关吊销营业执照。

《政府采购法》第七十二条规定，与供应商或者采购代理机构恶意串通的，采购人、采购代理机构及其工作人员构成犯罪的，依法追究刑事责任；尚不构成犯罪的，处以罚款，有违法所得的，并处没收违法所得，属于国家机关工作人员的，依法给予行政处分。

《政府采购法》第七十七条规定，与采购人、其他供应商或者采购代理机构恶意串通的，对供应商处以采购金额千分之五以上千分之十以下的罚款，列入不良行为记录名单，在一至三年内禁止参加政府采购活动，有违法所得的，并处没收违法所得，情节严重的，由工商行政管理机关吊销营业执照；构成犯罪的，依法追究刑事责任。

串通投标怎么进行查证及监督管理？

串通投标，是指投标人与投标人之间或者招标人与投标人之间采用不正当手段，对招标投标和政府采购事项进行串通，侵害正常的招标投标市场秩序，损害国家利益、社会公共利益或者其他人的合法权益的行为。串通投标就像隐藏在身体里的一颗毒瘤，严重地影响了招标投标和政府采购的公平公正以及国家法律的权威性和严肃性。串通投标行为具有很强的隐蔽性，让人防不胜防，除了操作和参与的内部人员掌握之外，外部人员不易察觉，导致取证难、查处难、认定难。

一、串通投标的查证

《招标投标法实施条例》第四十条规定的六种情形，视为投标人相互串通投标；第三十九条规定的五种情形，属于投标人相互串通投标。其实，这两个条款是有很大区别的。第四十条规定的六种情形是根据投标人之间串通的客观表象，列为"视为串通投标"；而第三十九条规定的五种情形是根据投标人之间主观意图的表达和联络，列为"属于串通投标"。列为"视为串通投标"的情形，如"不同投标人的投标文件载明的项目管理成员为同一人，不同投标人的投标文件异常一致或者投标报价呈规律性差异，不同投标人的投标文件相互混装，不同投标人的投标保证金从同一单位或者个人的账户转出"，这些串通投标的客观行为，在开标和评标阶段就可以查证出来。但"属于串通投标"的行为，如"投标人之间协商投标报价等投标文件的实质性内容，投标人之间约定中标人"等这些情形，属于主观意图，相对于"视为串通投标"行为，取证和查证的难度就更大。

(一) 关于"视为串通投标"的查证

《招标投标法实施条例》第四十条规定的情形，如"不同投标人的投标文件由同一单位或者个人编制，不同投标人委托同一单位或者个人办理投标事宜"，这两种情形怎么进行判断和查证呢？在电子化招标投标越来越普及的今天，主要有两种表现形式：一是不同单位的投标文件制作机器码一致，二是不同单位的文件创建标识码一致。这样，对投标人之间串通行为的监督管理，由传统的对投标文件编写者和递交者的确认监督，转化为对投标文件制作机器码和文件创建标识码的确认监督。

1. 属于"不同单位的投标文件制作机器码一致"的查证

文件的机器码是基于硬件制造及系统使用的专业性和特殊性，其 IP 地址、MAC 地址、网卡的 MAC、CPU 码、硬盘序列号等硬件信息每台计算机不一样，生成的机器码也会不同。如果文件制作机器码一致，表明文件出自同一台电脑。机器码是唯一的，不可更改。当投标人制作并上传投标文件时，文件上会自动标记出该台电脑的机器码。投标文件制作机器码一致，能证明两家投标单位使用同一台电脑制作并上传投标文件。而正常情况下不同投标人的投标文件应当在各自的电脑上制作生成，在同一台电脑上制作生成明显是不正常现象，不能排除这些投标文件系由同一人编制，投标人有串通投标的极大可能性。至于认定串通投标的行为，需要结合具体情况而定，这有两种例外：①同一个招标项目，两家投标单位在同一家打印店制作投标文件，先后使用同一台电脑制作并上传投标文件，会导致两家投标文件制作机器码一致；②两家投标单位使用公共交易平台的同一台电脑上传电子投标文件，也会导致两家投标文件的制作机器码一致。在这两种情况下，就不能判定为串通投标。如果排除这样的例外，就有串通投标的嫌疑。

2. 属于"不同单位的文件创建标识码一致"的查证

文件创建标识码是指生成文件的软件版本号、ID 号、软件操作的登录信息、软件驱动锁号等所有与此软件相关的信息代码。文件创建标识码一致，意味着不同文件是基于同一源文件制作的。如果两家投标单位的投标文件创建标识码一致，是否认定投标人之间串通投标，这也需要根据实际情况来判断，这有三种例外：①招标文件的内容决定了有关技术方案在网上有现成的模板可供下载，两家投标单位刚好都选用了同一模板，并以此为基础来编制投标文件；②两家投标单位此前曾经以联合体形式共同参与过某一项目的投标，此次投标文件都是在上述投标文件的基础上编制出来的；③两家投标单位曾经都为同一招标人服务过，且该招标人与他们签订合同的有关技术附件采用的是相同模板，而此次投标他们不约而同地选用上述技术附件来编制其投标文件。当然，在投标单位提不出这些证据的情况下，两家投标单位文件创建标识码一致，应认定投标人有串通投标的嫌疑。

(二)关于"属于串通投标"的查证

《招标投标法实施条例》第三十九条规定的如"投标人之间协商投标报价等投标文件的实质性内容，投标人之间约定中标人"等情形，是"属于串通投标"的行为，要取得明确信服的证据来证明当事人串通投标的主观意图，达到最低限度的证明标准相对难度更大。客观行为是当事人主观思想的反映，考察客观行为往往能对主观意图作合理解释。比如运用大数据手段对招标投标和政府采购的"海量"历史数据分类进行量化分析、专业化处理，从中深挖围标、串标者的历史痕迹，帮助监管部门挖出"中标专业户""陪标专业户"背后的"隐情"。如果大数据查证情况属实，这就是投标人相互串通的客观有力证据。在无直接证据证明投标人与投标人、投标人与招标人之间通过主观意思联络形成排挤竞争对手的情况下，如果当事人或利害关系人提供的间接证据能够形成真实完整、相互印证、合乎逻辑的证据链条，经过行政监督部门和政法机关查证属实的，也可以判断有围标、串通投标的嫌疑。

根据串通投标使用的手段及危害程度，有串通与恶意串通两种情形，这两者是有所区别的。串通的行为不一定构成恶意串通，不同类别的串标行为最终导致的后果也不一样，处罚起来适用的法律条文也不一样。

二、串通投标的监督管理

(一) 资格审查委员会或评标委员会监督管理

资格审查委员会或评标委员会发现投标人有涉嫌串通投标行为的，应当进行核查，经集体表决，按照少数服从多数的原则作出认定并否决其投标，在评标报告中进行说明，并向有关行政监督部门报告。评标结束后经查实认定为串通投标，已取得中标资格的，取消其中标资格；已经发出中标通知书的，中标无效。

(二) 行政监督部门和政法机关的监督管理

串通投标既可以依照当事人或利害关系人的投诉举报启动，也可以由行政监督部门依照法定职权启动。行政监督部门发现涉嫌串通投标行为的，应当按照规定的程序进行调查、认定，将可能涉嫌犯罪的线索移交公安机关依法处理，进而进行立案追诉。

96 一个串通投标行为的案例，该投标人是否构成犯罪？

自我国引入招标投标制度以来，串通投标行为仿佛如影子一样伴随着制度的出现而出现，为此《中华人民共和国刑法》设立了串通投标罪，但这一罪名在司法实践中的运用并不如意，社会生活的复杂性以及法律自身的滞后性决定了一项法律的有效实施从来都不是一蹴而就的，招标投标法律法规的实施也是如此。这里，以一判决案例为例，说明招标投标中关于串通投标的司法实践。

2015年初，某中学急需新建一栋教学楼，由于相关建设手续不全，承包商需全额垫资建设教学楼等原因，项目实施难度较大。该中学则全权委托王某及王某公司运作，以期项目尽快实施。王某找了一家招标代理机构，招标代理机构编制了招标文件，并将项目在交易平台上挂网。王某找了两家建筑公司，并与自己的公司一起参加投标，王某公司如约中标。王某公司与该中学签订了施工合同，接着，施工队伍进场施工。2016年8月，新建教学楼竣工，竣工验收合格。

2017年5月，该事件案发，检察院以王某的行为涉嫌串通投标，将其起诉到法院。一审法院认定，王某与该中学、招标代理机构及另外两家建筑公司相互勾结，约定中标人，对国家、社会公众及其他投标人的利益造成损害，是一种严重的犯罪行为，已经构成了串通投标罪，判处其一年有期徒刑。

案件上诉到二审法院，二审法院认为，教学楼项目建设手续和资金都未到位,不符合招标条件。在投标过程中,三家投标人约定了中标人、陪标人,在形式上违反了《招标投标法》及其实施条例的相关规定,在实质违法性上,虽然本案的涉案金额已达到了立案追诉标准,本案却不属于一般意义上串通投标。招标投标活动的实质就在于投标人之间的竞争,而这三家投标人,是为规避招标投标制度而虚构招投标活动情形下的投标行为,并不存在真正意义上的竞标人,也未对他人的利益造成危害。现有证据表明,该工程属"先内定后补招标手续"的项目,系招标方自愿真实意思的表达,不存在损害招标方的利益;在招标投标过程中,另外两家建筑公司陪标,没有其他投标人参加竞争,不涉及损害其他投标人的利益;现该工程已经竣工投入使用,没有证据表明合同价格明显偏离市场价,且工程经验收合格,不存在损害国家、社会公众的利益;同时,对市场交易秩序也没有造成实际的损害。因此,王某的行为在形式上虽然有串通投标嫌疑,但实际并未损害招标人、其他投标人,以及国家、公众的利益,不符合串通投标罪的客观性要件。在这种情形下,其串通投标行为不能用串通投标罪予以评价,本案属于为规避招标投标制度而虚构招投标活动的投标行为,王某不构成串通投标罪。

因此,在招标投标的实践中,串通投标行为是否构成串通投标罪,这要根据招标人、投标人在招标投标中的具体事实和行为,才能进行判定。

97 | 评标委员会成员违法行为应承担什么法律责任？

《招标投标法》第五十六条规定，评标委员会成员收受投标人的财物或者其他好处的，评标委员会成员或者参加评标的有关工作人员向他人透露对投标文件的评审和比较、中标候选人的推荐以及与评标有关的其他情况的，给予警告，没收收受的财物，可以并处三千元以上五万元以下的罚款，对有所列违法行为的评标委员会成员取消其担任评标委员会成员的资格，不得再参加任何依法必须进行招标的项目的评标；构成犯罪的，依法追究刑事责任。

《招标投标法实施条例》第七十一条规定，评标委员会成员有下列行为之一的，由有关行政监督部门责令改正；情节严重的，禁止其在一定期限内参加依法必须进行招标项目的评标；情节特别严重的，取消其担任评标委员会成员的资格：

（1）应当回避而不回避；

（2）擅离职守；

（3）不按照招标文件规定的评标标准和方法评标；

（4）私下接触投标人；

（5）向招标人征询确定中标人的意向或者接受任何单位或者个人明示或者暗示提出的倾向或者排斥特定投标人的要求；

（6）对依法应当否决的投标不提出否决意见；

（7）暗示或者诱导投标人作出澄清、说明或者接受投标人主动提出的澄清、说明；

（8）其他不客观、不公正履行职务的行为。

《招标投标法实施条例》第七十二条规定，评标委员会成员收受投标人的财物或者其他好处的，没收收受的财物，处3000元以上5万元以下的罚款，取消其担任评标委员会成员的资格，不得再参加依法必须进行招标的项目的评标；构成犯罪的，依法追究刑事责任。

《政府采购法实施条例》第七十五条规定，政府采购评审专家未按照采购文件规定的评审程序、评审方法和评审标准进行独立评审或者泄露评审文件、评审情况的，由财政部门给予警告，并处2千元以上2万元以下的罚款；影响中标、成交结果的，处2万元以上5万元以下的罚款，禁止其参加政府采购评审活动。政府采购评审专家与供应商存在利害关系未回避的，处2万元以上5万元以下的罚款，禁止其参加政府采购评审活动。政府采购评审专家收受采购人、采购代理机构、供应商贿赂或者获取其他不正当利益，构成犯罪的，依法追究其刑事责任；尚不构成犯罪的，处2万元以上5万元以下的罚款，禁止其参加政府采购评审活动。政府采购评审专家有上述违法行为的，其评审意见无效，不得获取评审费；有违法所得的，没收其违法所得；给他人造成损失的，依法承担民事责任。

《政府采购非招标采购方式管理办法》（财政部令第74号）第五十五条规定，谈判小组、询价小组成员有下列行为之一的，责令改正，给予警告；有关法律、行政法规规定处以罚款的，并处罚款；涉嫌犯罪的，依法移送司法机关处理：

（1）收受采购人、采购代理机构、供应商、其他利害关系人的财物或者其他不正当利益的；

（2）泄露评审情况以及评审过程中获悉的国家秘密、商业秘密的；

（3）明知与供应商有利害关系而不依法回避的；

（4）在评审过程中擅离职守，影响评审程序正常进行的；

（5）在评审过程中有明显不合理或者不正当倾向性的；

（6）未按照采购文件规定的评定成交的标准进行评审的。

　　评审专家有前款情形之一，情节严重的，取消其政府采购评审专家资格，不得再参加任何政府采购项目的评审，并在财政部门指定的政府采购信息发布媒体上予以公告。

98 | 中标人（成交供应商）违法行为应承担什么法律责任？

《招标投标法》第五十八条规定，中标人将中标项目转让给他人的，将中标项目肢解后分别转让给他人的，违反本法规定将中标项目的部分主体、关键性工作分包给他人的，或者分包人再次分包的，转让、分包无效，处转让、分包项目金额千分之五以上千分之十以下的罚款；有违法所得的，并处没收违法所得；可以责令停业整顿；情节严重的，由工商行政管理机关吊销营业执照。

《招标投标法》第六十条规定，中标人不履行与招标人订立的合同的，履约保证金不予退还，给招标人造成的损失超过履约保证金数额的，还应当对超过部分予以赔偿；没有提交履约保证金的，应当对招标人的损失承担赔偿责任。中标人不按照与招标人订立的合同履行义务，情节严重的，取消其二年至五年内参加依法必须进行招标的项目的投标资格并予以公告，直至由工商行政管理机关吊销营业执照。因不可抗力不能履行合同的，不适用前款规定。

《招标投标法实施条例》第七十四条规定，中标人无正当理由不与招标人订立合同，在签订合同时向招标人提出附加条件，或者不按照招标文件要求提交履约保证金的，取消其中标资格，投标保证金不予退还。对依法必须进行招标项目的中标人，由有关行政监督部门责令改正，可以处中标项目金额10‰以下的罚款。

《招标投标法实施条例》第七十五条规定，招标人和中标人不按照招标文件和中标人的投标文件订立合同，合同的主要条款与招标文件、中标人的投标文件的内容不一致，或者招标人、中标人订立背离合同实质性内容的协议的，由有关行政监督部门责令改正，可以处中标项目金额 5‰以上10‰以下的罚款。

《招标投标法实施条例》第七十六条规定，中标人将中标项目转让给他人的，将中标项目肢解后分别转让给他人的，违反《招标投标法》和本条例规定将中标项目的部分主体、关键性工作分包给他人的，或者分包人再次分包的，转让、分包无效，处转让、分包项目金额 5‰以上 10‰以下的罚款；有违法所得的，并处没收违法所得；可以责令停业整顿；情节严重的，由工商行政管理机关吊销营业执照。

《政府采购非招标采购方式管理办法》(财政部令第 74 号)第五十四条规定，成交供应商有下列情形之一的，责令限期改正，情节严重的，列入不良行为记录名单，在 1 至 3 年内禁止参加政府采购活动，并予以通报：

(1)未按照采购文件确定的事项签订政府采购合同，或者与采购人另行订立背离合同实质性内容的协议的；

(2)成交后无正当理由不与采购人签订合同的；

(3)拒绝履行合同义务的。

99 代理机构违法行为应承担什么法律责任?

《招标投标法》第五十条规定,招标代理机构违反本法规定,泄露应当保密的与招标投标活动有关的情况和资料的,或者与招标人、投标人串通损害国家利益、社会公共利益或者他人合法权益的,处五万元以上二十五万元以下的罚款,对单位直接负责的主管人员和其他直接责任人员处单位罚款数额百分之五以上百分之十以下的罚款;有违法所得的,并处没收违法所得;情节严重的,禁止其一年至二年内代理依法必须进行招标的项目并予以公告,直至由工商行政管理机构吊销营业执照;构成犯罪的,依法追究刑事责任。给他人造成损失的,依法承担赔偿责任。前款所列行为影响中标结果的,中标无效。

《招标投标法实施条例》第六十五条规定,招标代理机构在所代理的招标项目中投标、代理投标或者向该项目投标人提供咨询的,接受委托编制标底的中介机构参加受托编制标底项目的投标或者为该项目的投标人编制投标文件、提供咨询的,依照《招标投标法》第五十条的规定追究法律责任。

《政府采购法》第七十八条规定,采购代理机构在代理政府采购业务中有违法行为的,按照有关法律规定处以罚款,可以依法取消其进行相关业务的资格,构成犯罪的,依法追究刑事责任。

《政府采购法》第八十二条规定,集中采购机构在政府采购监督管理部门考核中,虚报业绩,隐瞒真实情况的,处以二万元以上二十万元以下的罚款,并予以通报;情节严重的,取消其代理采购的资格。

《政府采购法实施条例》第六十九条规定，集中采购机构有下列情形之一的，由财政部门责令限期改正，给予警告，有违法所得的，并处没收违法所得，对直接负责的主管人员和其他直接责任人员依法给予处分，并予以通报：

(1)内部监督管理制度不健全，对依法应当分设、分离的岗位、人员未分设、分离；

(2)将集中采购项目委托其他采购代理机构采购；

(3)从事营利活动。

《政府采购非招标采购方式管理办法》(财政部令第74号)第五十一条规定，采购人、采购代理机构有下列情形之一的，责令限期改正，给予警告；有关法律、行政法规规定处以罚款的，并处罚款；涉嫌犯罪的，依法移送司法机关处理：

(1)未按照本办法规定在指定媒体上发布政府采购信息的；

(2)未按照本办法规定组成谈判小组、询价小组的；

(3)在询价采购过程中与供应商进行协商谈判的；

(4)未按照《政府采购法》和本办法规定的程序和要求确定成交候选人的；

(5)泄露评审情况以及评审过程中获悉的国家秘密、商业秘密的。

采购代理机构有前款情形之一，情节严重的，暂停其政府采购代理机构资格3至6个月；情节特别严重或者逾期不改正的，取消其政府采购代理机构资格。

国家工作人员及行政监督部门违法行为应承担什么法律责任？

《招标投标法》第六十三条规定，对招标投标活动依法负有行政监督职责的国家机关工作人员徇私舞弊、滥用职权或者玩忽职守，构成犯罪的，依法追究刑事责任；不构成犯罪的，依法给予行政处分。

《招标投标法实施条例》第七十九条规定，项目审批、核准部门不依法审批、核准项目招标范围、招标方式、招标组织形式的，对单位直接负责的主管人员和其他直接责任人员依法给予处分。有关行政监督部门不依法履行职责，对违反《招标投标法》和本条例规定的行为不依法查处，或者不按照规定处理投诉、不依法公告对招标投标当事人违法行为的行政处理决定的，对直接负责的主管人员和其他直接责任人员依法给予处分。项目审批、核准部门和有关行政监督部门的工作人员徇私舞弊、滥用职权、玩忽职守，构成犯罪的，依法追究刑事责任。

《招标投标法实施条例》第八十条规定，国家工作人员利用职务便利，以直接或者间接、明示或者暗示等任何方式非法干涉招标投标活动，有下列情形之一的，依法给予记过或者记大过处分；情节严重的，依法给予降级或者撤职处分；情节特别严重的，依法给予开除处分；构成犯罪的，依法追究刑事责任：

（1）要求对依法必须进行招标的项目不招标，或者要求对依法应当公开招标的项目不公开招标；

（2）要求评标委员会成员或者招标人以其指定的投标人作为中标候选人

或者中标人，或者以其他方式非法干涉评标活动，影响中标结果；

（3）以其他方式非法干涉招标投标活动。

《政府采购法》第八十条规定，政府采购监督管理部门的工作人员在实施监督检查中违反本法规定滥用职权，玩忽职守，徇私舞弊的，依法给予行政处分；构成犯罪的，依法追究刑事责任。

《政府采购法》第八十一条规定，政府采购监督管理部门对供应商的投诉逾期未作处理的，给予直接负责的主管人员和其他直接责任人员行政处分。

《政府采购法》第八十二条规定，政府采购监督管理部门对集中采购机构业绩的考核，有虚假陈述、隐瞒真实情况的，或者不作定期考核和公布考核结果的，应当及时纠正，由其上级机关或者监察机关对其负责人进行通报，并对直接负责的人员依法给予行政处分。

《政府采购法实施条例》第七十七条规定，财政部门在履行政府采购监督管理职责中违反《政府采购法》和本条例规定，滥用职权、玩忽职守、徇私舞弊的，对直接负责的主管人员和其他直接责任人员依法给予处分；直接负责的主管人员和其他直接责任人员构成犯罪的，依法追究刑事责任。

《政府采购货物和服务招标投标管理办法（财政部令第 87 号）》第八十二条规定，财政部门应当依法履行政府采购监督管理职责。财政部门及其工作人员在履行监督管理职责中存在懒政怠政、滥用职权、玩忽职守、徇私舞弊等违法违纪行为的，依照《政府采购法》《中华人民共和国公务员法》《中华人民共和国行政监察法》《政府采购法实施条例》等国家有关法律规定追究相应责任；涉嫌犯罪的，移送司法机关处理。

《政府采购非招标采购方式管理办法》（财政部令第 74 号）第五十三条规定，采购人、采购代理机构有本办法第五十一条、第五十二条规定情形之一，且情节严重或者拒不改正的，其直接负责的主管人员和其他直接责任人员属于国家机关工作人员的，由任免机关或者监察机关依法给予处分，并予通报。

《政府采购非招标采购方式管理办法》（财政部令第 74 号）第五十八条

规定，任何单位或者个人非法干预、影响评审过程或者结果的，责令改正；该单位责任人或者个人属于国家机关工作人员的，由任免机关或者监察机关依法给予处分。

《政府采购非招标采购方式管理办法》（财政部令第 74 号）第五十九条规定，财政部门工作人员在实施监督管理过程中违法干预采购活动或者滥用职权、玩忽职守、徇私舞弊的，依法给予处分；涉嫌犯罪的，依法移送司法机关处理。

参 考 文 献

[1]刘亚利，曹石林. 采购文件编制指南（之二）[M]. 北京：中国商务出版社，2023.

[2]周顺明. 政府采购基础知识[M]. 武汉：湖北人民出版社，2012.

[3]周顺明. 政府采购操作实务[M]. 武汉：湖北人民出版社，2012.

[4]白如银. 招标投标典型案例评析（二）[M]. 北京：中国电力出版社，2023.

[5]丁士昭. 建设工程经济[M]. 北京：中国建筑工业出版社，2021.